ブックレット 近代文化研究叢書 9

高度成長期の生活文化
―新聞記事にみる郊外の団地・
　　　ニュータウンの視点から―

西　脇　和　彦

目　次

1　はじめに　　5

2　生活革新の典型を「団地」にみる視点　　7

3　1960年から1964年まで―豊かさへの離陸―　　9

4　1965年から1969年まで―拡大とニーズの多様化―　　24

5　1970年から1973年まで―サービス化という質の時代へ―　　53

6　まとめ　　67

7　おわりに―近未来への指針と感謝をこめて―　　75

・資料1、資料2の写真は筆者親族撮影。資料4～資料9の写真は筆者撮影。各写真の（　）内に撮影年を記した。

1　はじめに

[こまごまと台所も　皇太子ご夫妻ひばりヶ丘見学]

　6日午後1時過ぎ皇太子ご夫妻は東京都北多摩郡田無町の「ひばりヶ丘団地」を見学された。(中略)同団地2,400世帯のうちご夫妻がたずねた74とう(棟)108号室Yさん(35)は(中略)新中産階級といわれる団地族の一つのモデル生活者だ。(中略)

　ご夫妻の感想は「とても便利にできて健康で明るい」ということだった。(中略)一応収入面では安定しているここの人たちがどのように生活をエンジョイしているかということにお二人の興味の中心があったようだ。

　この引用文は、1960年9月7日の讀賣新聞に掲載された記事から抜粋したもので、記事の横には、両殿下（今上天皇・皇后両陛下）が団地アパートの2階ベランダから手を振っていらっしゃる写真も添えられていた。なお、この写真には周囲のベランダも4軒写っており、そこにひるがえる洗濯物が印象的であった。なぜなら筆者は当時小学生であったが、やはり地方都市の県営アパートに住み、このようなベランダの光景を日常的に目にしていたからであった。「どこも似たようなものだな」という当時の思いは今も変わらない。ベランダ側の光景にはその住民の暮らしが見て取れるからである。団地には洗濯物がよく似合う。また、団地用に建設した小学校では児童のほとんどが団地の子どもで同質的なため、新中産階級とか団地族という意識は特になかった。しかし中学生になり学区が拡大すると、家族が農業や自営業を営む同級生を通して団地以外の暮らし、つまり勤め人以外の家庭も知ることになった。同級生に花火師の息子がいたが、理科の授業で金属が燃焼する時の色彩について学習した時、彼は花火の着色からどの金属が何色を発光するか体験的に知っていたし、また農家の娘は概して家事全般がうまかった。どうしてだろうか。それは、かれらには生活のなかに生産労働があり、それが知恵として身体に染み込んでいたからであった。それに対して団地っ子は、元祖消費族で、文字から理解するタイプであった。ちなみに後日談であるが、先生仲間では団地族の児童が多くいる新設校が勤務先として人気があったとか。団地族の先生一家も身近に数軒あり、しばしば銭湯で一緒になった。なるほど、おしゃれでハイカラな先生が多く、自動車免許の取得も若い先生を中心に流行っていた。車に乗るには先ず免許取

得から。自動車学校が団地はずれの水田跡にでき、若い人たちを中心に賑わっていた。思い返してみると、それはマイカー時代の先駆けであった。筆者には、同じアパートに住む先生のマイカーに冬場何回も同乗させていただき同じ高校に同伴登校したという、今だからこそ言える稀有な思い出がある（先生は副担任であった）。

郊外のアパート団地や住宅は、庶民レベルでの近代化、実質的近代化が先駆的に展開した空間であった。この高度成長期における生活レベルでの近代化をリアルに再現したいと考え、当時の空気を色濃く反映している新聞記事を引用した小論を企画した。なぜなら、リアリティの再現に新聞記事は最適で、報道を通じ、その時代の価値観、表現、思考など当時の生活者に通底する下部構造が見えてくるからである。その当時は当たり前すぎて気づかなかったことやものが、時代の相対化により見えてくる。記事や近隣の状況を照合すると、同じ核家族でも子どものいる家庭が多かったこと、裕福な家庭から電化製品の普及が始まったこと、内職をしていたが専業主婦の家が多かったこと、世帯主の職業は第三次産業が多かったこと、そのなかでも父親が公務員あるいは銀行や放送局に勤務する家庭が裕福で新製品の購入が早かったこと、また概して南方からの引揚者の方が、シベリアなど北方からの引揚者よりも、復員後の生活が安定していたことなどが鮮明に浮かび上がってくる。そして自分の記憶を対象化し、同時に照合することもできる。新聞記事はリアリティの定着剤といえる。

これらの作業を通じ、メゾ的（中間的）範囲を中心とする新聞記事の、その資料としての有用性、マクロとミクロを結節するメゾの重要性を確認することができる。新聞記事の価値は、発行時よりも、むしろ時間の経過とともに付加されるものではないか。たとえば、高度成長期には、アスベストや原発は肯定的に扱われることが多かったことに現在だからこそ気がつくといった例がある。時間軸と空間軸、この2軸に沿って、新聞記事から当時の社会生活の諸相を具体的に描写できればと考えている。現代生活のルーツを新聞記事の援用から確認する作業でもあるが、従来こうした視点はほとんどなかったのではなかろうか。新聞記事を資料として活用する一試論と考えている。

2 生活革新の典型を「団地」にみる視点

　郊外関連の新聞記事を引用し、生活革新という近代化の実像を検証する前に、『昭和35年版国民生活白書』（経済企画庁編、1961年2月発行）を援用し、郊外型団地に実質的生活革新の典型をみる視点、その理由を確認しておこう。

　先ず同書のはしがきで、「生活革新といわれるような、われわれの日常生活における大変革が進行しつつある」と述べられ、それが「もっとも典型的に進んでいる地域社会として、いわゆる『団地』をあげることができる。団地は戦後の住宅政策の一環として進められた大都市周辺における住宅公団あるいは地方公共団体、大企業等によって新らしく建設された鉄筋耐火構造アパートなどの集団住宅区域のことであり、ひとつの新らしいコミュニティ（地域社会）を形成している」（p.16）と説明される。ここに居住する住民がいわゆる「団地族」であるが、かれらの生活意識、社会的性格に生活革新の典型をみる理由が、「世帯主の年令が若く、小家族で共稼ぎ世帯もかなりあり、年齢の割には所得水準が高く、一流の大企業や官公庁に勤めるインテリ、サラリーマンが多いというわけ」（p.138）で、「団地こそはまさに新中産階級の住み家」（p.140）であり、「教育程度はきわめて高く、団地はインテリ層の集団住宅といっても差支え」（p.141）ないという。そして団地族の生活実態として、一般世帯よりも、エンゲル係数が低めであること、パン食の普及率が高いこと、高級衣料の消費が多いこと、耐久消費財の普及率が高いこと、主婦の家事労働を軽減化し余暇時間が増大すること、生活の洋式化が促進されること（pp.141-145）が指摘されている。そういえば、団地内にあるお米屋さんが「団地族はそれほどお米を買ってくれず、代わりに店頭にはジュースやカン詰を置く」という記事があった（朝日新聞1965.8.24）。その部分を引用してみよう。

[東京の20年⑭　団地族]
　33年「団地族」という言葉が生れた。鳥の巣箱のような町なかの小さな団地からニュータウンの建設へ。郊外の雑木林や田んぼに学校、診療所、商店街を備えたマンモス団地がニョキニョキと出現する。
　団地の商店のなかで「当てがはずれた」と、なげくのが米屋さん。(中略)「米を食べないのが団地族なんです」と、こぼしながら店先にカン詰やジュースをならべている。

筆者宅でも周辺でも、朝はインスタントコーヒーか紅茶でパン食という家庭が多かった。1日に1回はパン食という団地族が多かったというのが実感である。団地名店街のパン屋さん（偶然に父の戦前の元同僚）は繁盛していたし、この数年前には、コーヒーや紅茶に入れるパウダーミルクが発売され、ヒット商品となっていた。筆者の父も終生その愛用者で大瓶を買っていた。ついでに、「お米屋さんのジュース」というビン入りのドリンクもあって、これは筆者の好物であった。当初、「お米屋さんがジュースを販売するなんて」という違和感があったが、いつの間にかそれを感じなくなった。引用した記事にミクロ的な私事周辺を肉付けしてみたが、このように、新聞記事を介在させることにより、個人的ミクロの事柄もメゾレベルに昇華し、さらには近代化あるいは洋風化というマクロなトレンドに結実することもできる。新聞記事はその使い方により、ミクロ ⇔ メゾ ⇔ マクロという各レベルを結節する貴重な資料となりうるのである。社会の位相に関わる空間的視点を潜在的に内包しているといえるだろう。

　ところで、こうしてみるとこの『国民生活白書』に述べられた「団地族」は、時代の先端的、典型的生活者として位置づけられ、ポジティブな印象がつきまとう。しかし、生活革新の実相はどうであったのだろうか。生活意識、行動、評価などに、対立的でネガティブな側面はなかったのだろうか。すなわち、位相間の関連性と同時に、そのつながり方にも注意したい。時間の経過を考慮すると、当然のことながら、時間軸の視点も重要となる。

　そこで本稿では、1960年から1973年までの郊外関連の新聞記事からリアリティの再構築につながる記事を引用し、コメントも加えて実相に迫りたい。記事1本は微分でも同種の記事を集めると時代の特徴となり、また、微分のかなたに近未来の方向性が宿っているかもしれない。時間軸と空間軸のなかで、新聞記事の資料としての価値を確認したいと考えている。なお、1960年から1973年までの14年間を便宜上3期—1960年から1964年／1965年から1969年／1970年から1973年—に区分し、各エポックの特徴を付した。引用する新聞はいずれも全国紙の東京版で、日付前に付したMは毎日新聞を、Aは朝日新聞を、Yは讀賣新聞を、Nは日本経済新聞を示している。また夕刊の場合のみ、日付後に夕刊と記し、それ以外は朝刊記事からの引用となっている。

3　1960年から1964年まで―豊かさへの離陸(テイクオフ)―

　先ずこのエポックの郊外化状況を概説する記事から始めよう。今となっては衛星都市やベッドタウンといった懐かしい用語も登場するが、半世紀以上経過した現在も状況は大きくは変わっていない。むしろ当時からこのような状況であったことを改めて確認することができる。

[首都圏構想をさぐる（2）"人口分散"の矛盾]（M 63.1.17）
　衛星都市　ほとんど東京通い　かえってラッシュに拍車　ベッドタウンは伸びる
　神奈川、千葉、埼玉の周辺県にまで住宅がぐんぐんひろがっている。だが、せっかく郊外に移った人々も、朝になると働きアリのように、都心のオフィス街目ざしてどっと押しよせる。すさまじい通勤地獄。「東京の膨張を防ぎ、周辺の衛星都市に人口を分散させる」と威勢のいいアドバルーンをあげて5年前にスタートした首都圏整備計画は、まだ効果をあげていない。むしろのほうずにベッドタウンをのばし、無秩序な市街地をひろげているにすぎない。

＜首都圏経済＞["通勤地獄"の解消はまだ先]（N 63.8.6 夕刊）
　人口増に追いつけぬ　国鉄　増発、増車ギリギリ
　東京からはみ出した人たちで近郊の通勤、通学者は毎年増加し、朝夕のラッシュ時には相変わらずの"通勤地獄"を示している。東鉄では混雑緩和のため、年間を通しての時差通勤の呼びかけや電車の増結、増発をはじめ線路の増設、ホームの改良などあれこれ手を打っているが、激増する人口にとても追いつかない。

[「一世帯一住宅」へ日本の悩み　郊外に大団地を]（N 64.5.22）
　住宅建設の重点は都市郊外の大団地作りに置かれている。しかし団地を作っても道路や鉄道が間に合わず、ラッシュに拍車をかけている。下水や学校などの設備は地元負担になっているため、最近では地元市町村の反対も多い。ベッドタウンばかり作っていないで、精密工業や電子工業など公害のない企業も団地内に誘致して総合的な町作りをはかる段階に来ているようだ。

[東京の人口　19年ぶり減る　近郊に大挙移動］（N 64.11.8）
　都内23区で8月中に人口の減ったのは中野、豊島、新宿、文京区など16区にのぼり、区部で減り、市部でふえたのが目立つ。また転出先で目立って多いのは神奈川、埼玉、千葉3県で、ベッドタウンめざして都内の人口が大量に移動していることを示している。

　21世紀の今日は「衛星都市」や「ベッドタウン」はすでに死語化し、首都圏では郊外のなかで再編成が進行するという郊外の第2段階にある。しかし、ラッシュ、通勤地獄という状況や電車の増結・増発、ホームの改良といった要請は半世紀後の現在も相変わらずである。このエポックは、郊外化が東京都区部から都下、さらには隣接県へと進行し始めた時期であった。しかも、当該自治体のインフラ整備費用の負担問題や、郊外住宅地のほか工業団地誘致策も顔を出している。
　それではこの高度成長期前半の諸相を、先ず郊外生活のスタートとなる団地への入居からみてみよう。それがどんなに狭き門で、当選がラッキーなことであったかがわかる。

<団地日記（2）>［住宅困窮時代の嘆き　何回申込んでも当らない］（M 61.4.18）

　公団・公社・都営・県営・市営など郊外団地の運営母体はいろいろあったが、それぞれに入居基準（家族構成・収入）があった。筆者は4歳の時に両親と共に間借りから長野市にある県営アパートに移り住んだが、落選続きの末10数回目に当選し、両親はとても喜んだと聞いている。当選通知のはがきが見当らないのが残念である。大家さんや近隣への配慮や遠慮からやっと解放されたわけである。たとえそれが一時的であったにしても。
　競争が激しかったといわれるが、その当選倍率が掲載された記事を紹介しよう。

<団地（1）>［針の穴をくぐって］（M 64.11.17）
　数十倍の競争率　喜びの後に多くの問題
　東京都心への通勤には時間のかかる神奈川、埼玉、千葉など郊外の団地を管理する関東支所でも38年度の応募状況は54.3倍。東京都住宅公社の場合も33.6倍といずれも"狭き門"であることは変わりありません。

初期のアパート団地はファミリー向け2DKが中心であった。現在からみると物理的には狭いものの、〈狭いながらも楽しい我が家〉、若夫婦や2世代型の核家族が多かった。「団地サイズ」という縮小版を示す用語まであったほどである。祖父母と同居の3世代家族もあったが、なんといっても核家族が圧倒的であった。各戸はカギ1つで隣近所から分離し、一応の独立、いわゆるプライバシーの確保ができた。また、電気・水道・ガスが各戸に完備され、スイッチ1つ、栓1つでそれらを使用することができた。それまでの遠慮が必要な共同利用の生活からすると、便利この上ない生活が可能となったわけで、近隣の家族に何ら遠慮することもない。しかも当時の先端技術が施されていた団地であった。現在からすると、たとえコンセントが少なく電気容量が小さくとも、また内風呂がなく銭湯に行くにしても、団地生活は当時あこがれの生活であった。それだけに10回以上の落選は当たり前、落選を繰り返した果てに当選あるいは優先入居した家族は時代の寵児であった。

　ところが入居できたまではよかったが、実際に生活してみれば、それはそれで物理的ハード面、人間関係のソフト面でさまざまな問題に直面することになった。一難去ってまた一難であった。

　先ずは諸問題のうち、施設設備など住環境のハード面から取りあげてみよう。

＜気流＞［粗雑な公団住宅の建て物］（Ｙ 63.3.19）

　私は30回の落選後やっと当選し、喜び勇んで入居したが、鉄筋建て物の外部、内部とも工事の粗雑なのには、がっかりさせられた。上の階の水洗便所の水がもれ、天井のしっくいが、はがれて落ちてくる。目下、工事中の建て物をみても、鉄筋とは名のみで、見るからにたよりなげな細い鉄棒にコンクリートが打たれている。もし大地震でもあったさい、だいじょうぶかと心配にさえなる。（船橋市・会社員・Ｙ・31）

　とにかく住宅建設が急務で、粗製濫造なところがあった。コンクリートの外壁にひびが入ったり、マンホールから汚水があふれ出たり、アパートの1、2階では排水の逆流も生じた。窓枠が浅くガラス戸が強風によってはずれ、吹き飛んだこともある（アルミサッシュ以前の窓枠）。また、ベランダのダストシュート（資料1参照）でごみ（可燃物）を下に落とす方式ではごみがすぐにあふれ、害虫も発生した。1、2階ではダストシュートの扉が開かなくなった。衛生的

資料1　ダストシュートとは

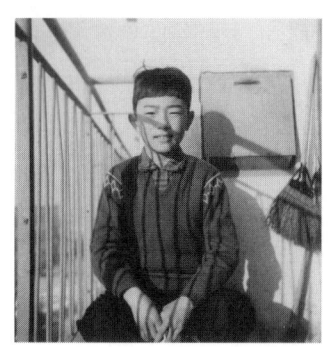

ベランダのダストシュート扉前　　アパートのベランダ側（2写真とも1960年代前半）

隣家との間の部分が各階を貫くダストシュート構造になっている。そして地表面と接するところにゴミの取り出し口がある。ゴミ収集の頻度は半月に1回程で、ゴミはすぐに溜まってしまい、1階から順に使用不能となった。たとえ投入口が開いてもゴミが詰まっていると、ゴミを捨てることができなかった。筆者宅は4階で常時ダストシュートを使えたが、1、2階の世帯は使用できないばかりか悪臭も発生し大変困っていた。

なはずの団地で発生する不衛生の理不尽。水の使用量やごみの排出量など十分な予測計算ができていなかったことが原因である。つまり、生活者の諸条件は想定外であった。その後ダストシュートは使用禁止となり、設置されなくなった。ごみは指定日に指定の収集場所に出すようになった。また、少しでもごみを減らすため簡易焼却炉が設置されたが、今度はそこから排出される煙や燃えカスが近隣を悩ませることになった。さらにそのごみのなかに塩化ビニールが混入していることも問題であった。ちなみに、筆者は焼却炉の使用頻度から、子どもがいる家、それも大勢いる家庭のごみの量が多いことを知った。人数とごみの量は正比例する。団地にはごみを土壌に還元できる空いた土地がなく、始末がやっかいな時代となっていた。合理化を追求すればするほど、非合理が生じる矛盾があった。

　また、当初は団地内の舗装も十分ではなく、土ぼこりが舞い上がった。工事用のトラックやバスが通過する時は特にひどかった。道路にはその轍がついていた。道路舗装をはじめ商店街や学校、保育所の設置などは、入居開始後に整備されていく。そして早くもこの時期から、駐車場問題が浮上してきた。当初から駐車スペースは用意されておらず、マイカー所有者は玄関わきや敷地内の花壇わき、道路わきなど空き地に駐車していた。まだ自動車も小型でそれほど

場所をとらず、当然それは早いもの順であったが、全体的に黙認状態であった。なお、1964年の自家用車の世帯普及率は全国平均で6％であるが（『平成19年版国民生活白書』内閣府編、2007年7月発行、資料編p.264）、実感として、団地の世帯所有率は全国平均よりも2～3倍多いのではなかろうか。筆者が住んでいた団地では、花壇を潰して、自転車・オートバイの駐輪場を作った。それまでの階段入口にある郵便ポストの下、かつての自転車置き場は、幼児の三輪車置き場となった。それにしても新聞記事にマイカーについての記載はあっても自転車についての言及はほとんどないのだが、自転車でも変速機付きは高価で、すぐには買えなかった。日中は婦人用自転車と子ども用自転車が駐輪場に残り、自転車通勤の父親も多かった。筆者の記憶では、マイカーはアパート1棟につき3台ほどあり、空き地に青空駐車であったが、所有者は時間があればマイカーの手入れに余念がなく、とても大切にしていた。アパートの窓からその光景をよく目にしたが、羨望というよりも、自分にマイカーは縁のないものと思っていた。

[団地族の"足"自転車]（M 61.3.26 夕刊）
　うなぎのぼりの地価に追われて"団地都市"の郊外分散は急ピッチ。バスも通らず、駅まで歩くほかはない団地がめっきりふえてきた。といって、自家用車はまだ望めない。そこで安くて便利な自転車…。

[団地から青空駐車締出し]（A 64.10.31）
　いま各地の団地内には「駐車場ができるまで」という公団への特例で駐車している車にまじって、先着順や抽選にもれて駐車場を持たない車や、その後買った車が相当数ひしめいている。（中略）
　団地の自家用車族は、こんごますます増加すると予想されている。駐車場の必要度も、それだけ深刻になるわけだが、"住宅"公団が車庫の世話までする必要があるか——と、同公団管理課はいまのところ強気の構えである。

　さらに団地の子どもを収容する学校や教室の不足を指摘する声があがっている。もともとベビーブーマーとその次の世代で、とにかく子どもの数が多かった。1クラス45人以上はいただろう。2、3人の兄弟姉妹がふつうであったし、

学年が違っても顔見知りが多く、一緒に遊びスポーツをした。

<団地（23）>［たりない教室］（M 64.12.28）
　校庭にプレハブ校舎　用地も財源もないないづくし
　このほかにも保育所、幼稚園、保健所、交番…とないないづくしの団地からの要求は絶え間もありません。

　このように、郊外の団地や住宅地は、先ずはそれ自体の建設で住民を収容するという課題からスタートしたため、広範囲なインフラ整備や入居後の生活ニーズを考慮するといった視点は不十分であった。それらが後回しとなることは必至であった。
　子どもの急増は、幼稚園・保育園の増設から始まり、小学校・中学校・高等学校の増設へと連鎖していった。プレハブの簡易校舎建設は、学校新設にいたるまでのやむを得ない対応策であったが、夏はうだるように暑く、冬は凍えるような寒さで、音もれもあり、プレハブ校舎の評判はたいそう悪かった。
　次に団地における犯罪とその対策に進もう。記事では空巣や強盗、殺人事件が報じられ、その要因として近隣への無関心が犯罪の温床になっていると指摘された。団地の住民気質がマイナスに作用した事例と考えられる。

［団地の防犯はこうして］（Y 61.11.10）
　ドアチェーンはぜひ　防犯上の近所づきあいも
　団地の生活がドア一つで外とへだてた特殊な様式になっているとか、団地自体が郊外のさびしいところにポツンとつくられているなど、その原因もいろいろ考えられ防犯上の問題点も多いのでしょうが、そうした犯罪を未然に防ぐためには、やはり住んでいる人々、とくに留守をあずかる主婦の日ごろの心がけが大切だろうと思います。

［意外にもろい団地の防犯］（M 64.3.16）
　はいられたら"密室"　他人は他人　団地気質にもスキ
　チェーンつき錠を　警視庁が注意よびかけ
　カギさえかけておけば、いつもたくさんの隣人たちの目が光っているし、団地住まいは安心だといわれていた。（中略）犯人の手口もしだいに巧妙さを加え、団地はもは

や犯罪無風地帯ではありえなくなっている。

＜団地（21）＞［防犯］（M 64.12.23）
"近隣協同"の少ない盲点をつく　白昼に堂々と空巣が侵入

　犯人は、(中略)玄関のドアは敬遠して、防備の弱いベランダ側ばかりを集中的にねらっていること、中・高層アパートの一階ベランダは地上1・2メートルぐらいの高さなのでよじのぼることも容易。(中略)

　空巣にねらわれた団地のもう1つの共通点は、交番のない団地が多く、すみずみまで警官の目が届いていないということ。

　入居当時は近隣との関係も挨拶程度で、まだコミュニティも形成されておらず、他人とすれ違ってもその人が住民なのか訪問者なのか、まったく区別がつかない。管理人が訪問者を信用し、家人が帰るまでその部屋で待つよう招き入れ、善意が裏目に出たケース、玄関はカギを閉めて出かけても風を通すため窓を開けて外出し、そこから空巣に入られたケース、アパートの場合1、2階が要注意とよくいわれるが、それだけではなく屋上がオープンになっているアパートの最上階に賊が侵入したケースもあった。工事（たとえばテレビアンテナの設置）や修理関係者を装い、屋上からロープないしは配管を伝って階下の部屋にベランダから入り込むケース、これらは筆者が見聞きしたことである。「空巣は玄関側だけを見ているのではない。ベランダ側に注目しているのだ。なぜならその家の生活が見えているから」。

　空巣は、確かに、ベランダから家人の在不在から家族構成や生活スタイルまですべてお見通しなのである。これは筆者が団地生活から得た知見であり、これを肝に銘じた。また、昼間発生した事件の場合、その被害者のほとんどは女性であるが、郊外の昼間の在宅者には女性や子どもが多いことからして当然のことであった。妻の多くは家内で専業主婦であった。

　それでは次に、郊外生活のソフト面である人間関係について考えてみよう。

［住いのくふう　建築の手引き　団地生活のよしあし］（M 60.11.6）
　設備はよいが味気ない　近所づきあいから解放　生活態度によって長所にも欠点にも

いくらプライバシーの保護を優先するにしても、近隣との交際が不要になることはない。入居者は近隣と挨拶程度からはじまり、次第に交流をもつようになる。そして生活問題を相談することさえある。毎年1、2度は住民総会を開くようにもなる。また有志による手芸・お茶・お花・革細工などの小教室が誕生したところもある。筆者の住んだアパートでは、住民の親睦を深めるため、小学校を会場に棟対抗の運動会や、お花見会（資料2参照）を毎年実施した。その際団地内にあった食器店がいつも気前よくプラスチック容器を景品に提供してくれた。羽振りの良い店であったが、今考えると、プラスチックは高度成長期の代表的産物である石油化学製品であり、これも時代と連動していたのであった。こうして年月をかけコミュニティが形成されていく。冒頭にあげた皇太子殿下ご夫妻（当時）が訪問された「ひばりヶ丘団地」には、ママさんコーラスの活動があったが、このグループ活動について当時の讀賣新聞は次のように伝える。

[レジャーじょうず　ママさん・コーラス]（Y 61.5.24）
　団地に明るい歌ごえ　ふだん着に赤ちゃんつれて

資料2　団地の親睦交流会

屋上でのお花見会風景（1960年代前半）

　行きつけの銭湯の2階を会場に入浴付きのお花見会もあった。文字通り、裸の付き合いであった。しかし多かったのはアパート屋上でのお花見会で、そこから裏山の満開に咲く桜がよく見えた。飲食物は団地内の商店から購入した。日曜日の昼のひと時を同じ棟の住民が共に過ごした。

東京の西郊、武蔵野の緑に囲まれたマンモス団地ひばりヶ丘—その一角から毎週火曜日の午後、おかあさんたちの明るいコーラスの歌声がひびいてきます。(中略)
　ママさん・コーラスは変化の少ない団地生活を楽しくする上に大きな一役を買ったわけです。

　しかし、近所付き合いも深まれば深まったで、プライバシー侵害の問題が発生する。同質的な生活であるだけに、ちょっとしたことでも気になってしまう。親しさが反転しエスカレートすることさえあった。近隣との関係は、深すぎても浅すぎてもいけないのである。かつての井戸端会議は、アパートでは階段会議にその場を変えたが、階段会議のさなか、そこを通過するにはかなりの勇気が必要であった。

＜女性のこえ＞［本当にうるさい団地のおしゃべり］（Y 61.2.7）
　他人さまの家庭内のことまで、とやかくおしゃべりすることだけはおやめになるべきだと思います。
　つい先日のことです。お隣のKさんご一家は、ついに団地の雑音に耐えかねて静かな場所へと引っこしてゆきました。(東京都北多摩郡・TI・42)

＜団地日記（3）＞［育てたい"恵まれた友人関係"］（M 61.4.19）
　いままであいさつもしなかった人たちがコーラスで知りあいになる。ここまではいいが、毎週コーラスで顔なじみになると、その家庭とゆききするようになる。(中略)お互いにそのうちのようすがよくわかってしまう。ところが人間には他人には知られたくないことだってあるし、こんなことが子供の学校のことなどをきっかけに、モヤモヤしたものに変わってしまうこともあるかもしれない。

　団地住民はこうした経験を積んで、近隣との近からず遠からず、ほどほどの関係を学習し、近隣関係における適切な距離を内面化したのであった。拙宅には父親の仕事の関係でこの時期に電話が設置された。しかし、電話を所有しない近隣宅への呼び出しも多く、しばしばその電話を取り次いだ。筆者はメッセンジャーボーイであった。電話機は取り次ぎの都合から玄関の靴箱上に置かれていたが、それでも「就職関係だな」とか「支払関係だな」とか、何となく話

の内容が部屋のなかまで伝わってくる。しかし口外は家庭外はもちろん家庭内でも厳禁という、子どもながらに、その暗黙のルールを察知できた。またある時、電話を取るなり唐突に「待っているのに何で来ないのか」と叱られた。どうも先方は呼び出し電話とは知らなかったらしい。実は他家宛に待ち合わせを確認する電話であった。指定場所で待っているにもかかわらず、ちっとも待ち人は現れず、ついに怒り心頭に発し電話をかけてきたのであった。ちなみに、当時の電話は敷設に債権購入が必要で10万円以上もかかる超高級品で、周囲のアパートでも各棟に2〜3世帯しかなかった。団地生活では電話に限らず、誤解から理不尽なことも体験したが、後になってみれば、これらも人間関係の勉強であった。とにかくヤマアラシ・ジレンマ（二匹のヤマアラシが暖をとるためにお互いのとげで相手を傷つけない程度の近さをついには見つけたという寓話）が示すように、近隣とは近すぎても遠すぎてもいけない。刺戟し合わない程度の等距離外交が望ましく、公私の峻別が必要なのであった。こうした大人の関係は、子どもにもそれとなく伝播した。個人主義学習の契機は身近なところにあったのである。

<団地（17）>［つき合い "深入りしない" が多い］（M 64.12.15）
まだ洗練されない個人主義だが「プライバシー守るルール」のめばえも

この時代、団地の子どもたちはどのような生活をしていたのであろうか。等質的、頭でっかち、ひ弱と批判されることが多いが、団地っ子である筆者からすると、十人十色、体力に優れた者、気立ての優しい者、進んで家事手伝いをする者、団地を脱出し外へ冒険に行くのが好きな者など、まだ時代が生産指向であったし、決して受動的で等質的ではなかったと考えている。確かに団地そのものは消費の空間であったが、親や大人の働く姿を近くで見ることができたし、団地建設のおじさんたちと仲よくなり、買い物のお使いをしたり、仕事や出身地の話を聴いたりした。当時筆者は小学校の高学年であったが、学校の校庭で毎週土日は野球三昧であったし、時々は先生チームと対戦し互角にわたりあった。団地近隣の先生とは一緒にスポーツをし、引越しの手伝いもした。お互いに家族のことを知っていた。また自分のクラスでは体育館わきの木の下で、捨て犬だった雑種の子犬を飼い、一緒に校庭を駆け回り、毎日交代で食事当番

資料3　「子犬のコロちゃん 夏休みも元気でね」『信濃毎日新聞』1962年7月22日付

夏季休暇に入る前日の様子。クラス全員がローテーションで毎日の食事当番をしたが、自宅から学校まで10分程度と近いこと、休暇中は長期旅行をする家がほとんどなかったこと、保護者もこの件をよく知っていたこと、これらの理由から当番は生徒にとって負担になるものではなかった。

表などで組織している「飯山線を守る会」を中心に、さらに同線の貨物駅集約反対運動を盛りあげるなど、ことしの運動方針をつぎのようにきめた。

またきたる九月の飯山市長選挙対策については、飯水地区の近
新団体（二十九団体）で組織している総合選挙対策委員会に一任、同選対委の決定にもとづいて戦うことにし、大会では推薦候補をきめなかった。

①国鉄は飯水地区の飯山線貨物取り扱い駅を飯山、戸狩、森宮野原三駅に集約する計画をすすめているが、この貨物駅の集約は農業の振興、商工業の発展をさまたげるので「飯山線を守る会」を中心にさらに反対運動を盛り上げる②労働条件の向上をはかるため週四十時間、週休二日制をめざし、労基法改正闘争をすすめる③未組織労働者（約七百人）の組織化と地区労への加入を促進する④市、村商工会などに働きかけて商店員の週休制度を確立する運動をおこす⑤市内十地区にそれぞれ勤労協組織をつくり、地域活動を強める。

子犬のコロちゃん 夏休みも元気でね

しばらくお別れだよ

長野城東小の五年生 みんなのマスコット

「コロちゃん、夏休みも元気でね」と、長野市城東小学校五年一組の子どもたちは夏休み前の二十一日、子犬をかこんで別れをおしんでいた。子どもたちが、身寄りのない捨て子の"コロ"を当番制で飼いはじめて三ヵ月、古雑誌を回収して狂犬病予防注射代金や登録料を生みだすなど、このマスコットをかわいがってきた。

このコロを五年一組の生徒が飼うようになったのは五月中旬。クラスの藤沢、磯谷両君が登校するさい、学校ちかくの長野市柳町の通りでヨチヨチ歩く生後一ヵ月ぐらいの捨て犬をひろい教室につれてきたのがきっかけ。最初は四、五人で飼っていたが、やがて十数人の仲間が講堂の南側に犬小屋をつくり首輪を持ち寄るなど、一生懸命めんどうをみはじめ、学校内の人気ものになった。

ところが、一ヵ月ほどたって汚物処理がうまくいかないなど問題がおき、学級会で「どうするか」を話し合った。この結果、「みんなでめんどうをみよう」とクラス全員で飼うことになった。まずコロ係り責任者四人をきめ、当番制で食事を家からはこんだり、夜に雨が降り出すと、学校ちかくの子どもが小屋を軒下にいれるという熱の入れ方。コロをテーマに作文や図画をかいた子どもも多い。

たまたま、七月のはじめに「コロに狂犬病予防注射や登録をしてやらなくては……」という声がおこった。そこで学級会にはかったところ「家にある古新聞や空カンを売って資金をつくろう」ということでもちよった古新聞など約百キロが六百円になり、さっそく十九日長野保健所に予防注射をしてもらいにいった。しかし「まだ小さすぎるから、秋の注射でだいじょうぶ」と秋までのばすことになった。

こうして夏休みをむかえることになったが、子どもたちは夏休み中もこまかい当番制をきめ、休みあけの"再会"を楽しみにしている。担任の熊谷良一先生は「生きものに親しむ機会が少ない市街地の子どもたちにとって、よい情操教育だと思う」と、子どもたちと子犬の物語りを語っていた。

夏休みを前にコロをかわいがる子どもたち

ことしは"門外不出"で研究

須坂のセミのかん詰め

O…須坂市の県園芸試験場はこのほど、セミの幼虫のカン詰め加工をはじめた。三十四年から毎年秋になると加工しているが、いまではすっかり全国的に有名となり、加工をはじめる前から県内外からの注文がしきり。しかしことしは幼虫がすくないので、とても売り出す程の量はなく、門外不出でもっぱら加工技術や栄養価値、保存の状態など実験に役立てるという。

O…セミの幼虫はリンゴ栽培の大敵で、山のリンゴ園では一本のリンゴの木のまわりの土中に二、三百匹もすんでいる。これらの幼虫はリンゴの根から数年間も養分をすいつづけて成長し、成虫になると木の幹にはいあがって樹液を吸うため、樹勢がよわまってしまう。そのうえリンゴの袋に産卵して果実をキズものにすると

人歩き

トめだつ

夜間の取り締まりを強化するという。損害は六十七万四千円で、昨年同期にくらべ一万円の増となっている。

事故の原因別調査では、安全運転

運転未熟など各一件で、運転中にまもるべき注意義務をおこたったためがほとんど。発生場所をみると町村別だと臼田町が八件、八千穂村七件、佐久町六件、川上村二件、小海町、南牧村各一件で、被害を受けた方は五歳未満が五人、二十一歳から五十歳まで三人、六歳から十三歳まで、十四歳から二十歳まで各ひとりで、とくに幼児が自動

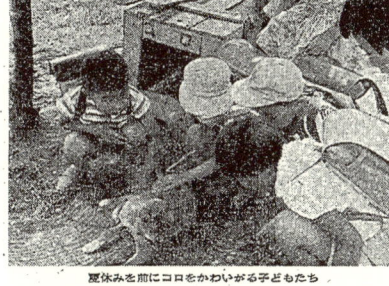

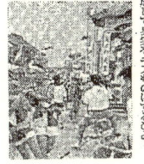

をした。卒業前に死んでしまったが、この話題は地元紙に掲載された（資料3参照）。担任から卒業後に聞いた話では、当時の校長と教頭は斬新な発想をする先生方だったとのことであった。夏の授業は連日プールでの水泳と図書館での読書、もっぱらこの2科目が定番で、お陰さまで皆泳げるようになった。筆者は、「団地育ちはひ弱」という先入観には今でも疑問をもっている。工夫次第でさまざまな体験ができたのである。高度成長期でもことにその前半はヤワな時代ではなかった。荒っぽいところさえあった。そもそも両親も先生も戦前の教育を受けた世代で、スポ根（=スポーツ根性）ものの下地はあった。スパルタ教育を批判しながらも、どこか子ども心に実感として理解できるところがあった。体罰もうさぎ跳びもあったし、運動中の水分補給も厳禁であった。

しかし、当時の新聞記事にみる団地の子どもは、どこか画一的で消極的なイメージに満ちているが、はたして、たくましさに欠け、弱々しく、そして勉強が好きだったのであろうか。

[団地っ子の環境と性格]（Y 61.2.7）
　　単調で個性なくす　まるで"小さなおとな"の感じ
　"団地っ子"はおしゃまだ、ヒマに恵まれたおかあさんから勉強ばかりせめたてられるなどと、いろいろうわさをされがちです。団地のおかあさんたちにいわせると「それは都会の一般の傾向なのにとかく団地マダム、団地っ子と色目で見られがちで」と迷惑そう。

＜団地日記（8）＞［外の仲間とは遊ばない　自分たちで"社会"を作る団地の子供］（M 61.4.26）
　団地内の子供と団地外の子供とが対立しがちだということです。

＜団地（13）＞［カギッ子］（M 64.12.8）
　小学校低学年の子供預かる　学童保育クラブ誕生

＜団地（14）＞［小、中学生の体力・学力］（M 64.12.9）
　　たくましさが不足　成績はいいのに思考力が弱い
　典型的な都会型体位の団地っ子は、特に腕の力が弱く持久力が足りないといわれている

　指摘される団地っ子の弱点克服については、学習の機会や集団生活の場が大切で、地域的にも学外との連携、対外的機会の拡大をはかることが必要であった。カギッ子対策としての学童保育（放課後児童育成事業）もスタートした。また子ども・児童に限らず、古くからの住民と郊外住宅地に転入してきた新住民との関係も検討する必要があった。団地内の生活は通勤・通学が基本パターンで、父親・母親の役割分担もほぼ一定、生活パターンも似かよっていた。しかし、旧住民には団地になる前の土地所有者の元地主もいて、複雑な感情を抱いていたらしい。旧住民と新住民との関係を描写した記事をあげてみよう。

[〝ダンチ〟あれこれ]（A 60.3.3）

　都下をはじめ東京の衛星圏に日本住宅公団のマンモス団地ができはじめてからざっと5年になる。都内の住宅難はぐんと軽くなったが、これら〝ベッド・タウン〟の方では苦情がふえている。地元市町村にとっては、団地は実入りの少ない〝厄介者〟。それに〝団地族〟は心ここにあらずといった調子で地元に冷淡。日用品、食品なども勤め帰りに都心で買ってくる人が多いから地元商店に金が落ちないとブウブウ。一方、団地族側としてみれば建物や設備が悪いうえ、物価が高い、道路が悪い、とこれまた口を開けば苦情ばかりだ。

＜赤でんわ＞［団地夫人と農家の女性］（Y 63.5.16）

　田畑や松林が、次々と宅地になり、そこに新しい団地が建つと、東京から続々と、多勢の人たちが移り住んでくる。いままで、素朴な農家の人々が、静かな生活をいとなんでいたところに、パッと花がさいたように、はでな色彩を帯びた生活が雑居するようになった。新しい団地族には、若い人たちが多いせいもあり、新旧両様の生活様式は、いちじるしい対照を示している。（中略）
　こんごも2つの女性のグループの接触が、いろいろと問題をかもし出すに違いないが、どうか仲よく、心を合わせていただきたいものだ。（埼玉県入間郡・I・T生・34・公務員）

［革新勢力進出目立つ　ベッドタウンの自治体］（N 63.10.22 夕刊）

　公団、公社をはじめ民間の大団地造成が拍車をかけ、東京周辺はどんどん市街化している。（中略）
　このため過去にはおよそ変化のなかった市町村議会の各党派のバランスがくずれて革新派の方が与党となり、国や都府県などの行政に市、町議会が反対したり、地元民と移住者の利害が相反してもめるなど各地で各様、微妙な混乱が生まれている。

　新旧住民の生活様式の相違は、つまるところ、第1次産業とそれ以外の産業に起因する生活様式のそれである。高度成長のなかで、第1次産業の就業者は急激に減少し（1/3から1/6へ）、代わって第2・3次産業の就業者が増加した（表1参照）。生活様式の違いが価値観や行動様式の違いに連動するのは当然のことであった。郊外の団地では、政治面では革新勢力が伸びた。職住一致の生活から職住分離のそれへと移行し、しかもこの流れは不可逆であった。そこで、

表1　産業別就業者の推移（構成比）

	第1次産業	第2次産業	第3次産業
1955（S30）	41%	23%	36%
1960（S35）	33%	29%	38%
1965（S40）	25%	32%	44%
1970（S45）	19%	34%	47%
1975（S50）	14%	34%	52%

総務省統計局ホームページのデータから作成

次のような勤め人への転身をよしとする記事まで登場したが、はたして、生活文化の違いはそれほど簡単に克服できるものであろうか。

[ねらわれる"農地"㊦　野良着捨て勤労者に]（N 60.6.27）
　農地が工場用地に転換するのは、都市近郊農村の宿命だろう。この傾向は阻止できない。としたら、その土地で生きてきた農民が、サラリと野良着をぬぎ捨てて、勤労者となることは、最も賢明ないき方のひとつかもしれない。

　ところで、作家立松和平の作品に都市近郊農村を舞台としたシリーズがある。近代化による土地とそこに生きる人々の変容を描いた秀作である（『遠雷』『春雷』『性的黙示録』『地霊』）。彼の論点は終生、近代化を第1次産業側から把握しようとしたことにある。通常われわれは、近代化を理解する場合、無意識のうちにその時点での中心的第n次産業側からの視点で評価する。そして不可逆性の故に、それ以前の段階を遅滞（＝時代遅れ）とみなすのである。これに対して立松の視点は、第1次産業時代の生活様式や価値観と第2次さらには第3次産業時代のそれらが異質であり、したがって異文化への適応がいかに葛藤をはらみ難儀するプロセスとなるか、一朝一夕に変身ができるものではないことを教えてくれる。つまり、生活者の内面を考察するには追体験的考察が必要で、近代化に関わる生活者と記述者本人の属性やスタンスの重要性にも気づかせてくれるのである。こうした視点にも注意を払いたい。
　とにかくこのように、総じて高度成長の前半期は、戦後初期の郊外生活者がその存在を確たるものとし、自らを主張し始めた時期であった。ミクロあるい

はメゾ的にはサラリーマン家族として、マクロ的には新興勢力としての主張であった。つまり現代社会や現代文化の母胎、新中間層がここに誕生したのであった。それもすでに助走段階を脱し、自他ともに認める豊かさへの離陸であった。

4　1965年から1969年まで―拡大とニーズの多様化―

　郊外生活が加速されたこの時期の、先ずはハード面、郊外の外延を述べた記事から考察を始めよう。この時期すでに、首都圏では空間距離で30キロメートル以内、時間距離で60分までの郊外圏が進行していたことがわかる。この条件下では、東京都下から隣接県にその範囲が及び、その事例が、首都圏都市の川崎市、横浜市、松戸市である。さらに、40キロメートルから50キロメートル圏への拡大や高速道路の時代も示唆されていた。しかし、現在人気の東急田園都市線の沿線開発も、当初はスローペースであった。総合開発は定着するまで時間がかかり、長期的視点で考察することが必要である。

＜首都圏経済＞［宅地向け農地転用盛ん］（N 66.9.1 夕刊）

　千葉などの通勤県で"持ち家"への熱意反映

　ことしになってから神奈川、埼玉、千葉など東京への通勤県の住宅用地向け農地転用がふえている。これは"サラリーマンに持ち家を"の政策とともに、一般勤労者が自分の土地、家を入手しようと強い熱意をもってきていることの現われとみられる。

＜首都圏経済＞［多摩田園都市　"住宅誘致"にやっき］（N 66.9.28 夕刊）

　呼び水に商店街造り　地主も貸家建設進める

　"人口40万のニュータウン"として、神奈川県の川崎、横浜、大和の3市、さらに東京都町田市にまたがる約4,300万平方メートルの広い地域で開発が進んでいる「多摩田園都市」は、ようやく建設の中盤期にはいったが、いまのところ定着人口は5万人弱と、当期の予想よりかなりのスローペース。（中略）

　このため東京急行電鉄や地元では、田園都市線の各駅前周辺を現在の住居地域から商業地域に指定変更して商店街づくりを推進、住宅建設の"呼び水"とする運動を進める一方、地元の関係地主が貸家組合を設立、貸家建設に乗り出すなど、なんとか定着人口をふやそうと懸命になっている。

［"ベッド化"進む　首都圏都市］（Y 67.6.12）

　昼は30％が東京へ　急増する横浜、川崎両市

　通勤、通学で東京の昼間人口がふえるにつれ近県の都市では昼間の人口が30％以上

も減ってしまうところもあることがわかり、東京をかこむ近県市町村のベッドタウン化が急テンポで進んでいることを物語っている。

　郊外化が一層進展するとともに、高速道路のインターチェンジ周辺の開発も始まりだした。通勤所要時間をみても、現在と比べてすでに遜色がない。これも驚きであるが、さらに、ハイキングや山菜採りのコース付近に住宅地が開発され、そこに居住する人から「ハイカーが通りすがりに自宅前のゴミ箱にゴミを捨てていくので困っている」と聞いたことがある。ハイカーが悪いのか、宅地開発が悪いのか。これも郊外地域に端を発する生活問題といえるであろう。通勤・通学は遠距離化し、所要時間も延びる。通勤旅行・通学遠足がこの時期すでに拡大していたことがわかる。

[高速道路と農地攻防戦]（Y 67.7.13）
　"億万農家"もでる　ねらわれるインターチェンジ周辺　"山奥"が"市街地"に
　八王子市宇津木町　館林市赤羽地区

[道遠い"持家"　建設省調査]（A 68.3.1）
　宅地暴騰、年2割も　とくに「都心80分圏」
　都心までの鉄道所要時間が5、60分のところにくらべて7、80分のところが著しく値上りし、1平方メートル当り1万円以下の土地は所要時間1時間20分以上でないと見つけにくくなっている。沿線別では東武東上線、中央線沿線の値上りが目立ち、東武日光線、常磐線、東武野田線方面が比較的安いという。

[土地ブームを押える]（Y 68.3.27 夕刊）
　マンモス団地の誘致、民間分譲地の造成、東京外郭環状線の用地買収などで千葉県松戸市内は、いま土地ブームにわき地価は上がる一方。1,000万から2,000万円もかけた御殿のような鉄筋造りの近代的なデラックス住宅が目をみはらせる。

＜あなたの首都圏　わたしの首都圏＞[山林や田んぼのまま　値上がり待つ地主]
（M 68.8.24）
　ここ数年、東京中心に地価の上昇が激しいのは30キロ圏だ。（中略）都心までほぼ1

時間、通勤にはまずまずのところが激しく値上りしていく。

＜あなたの首都圏　わたしの首都圏＞［1日8軒家が建つ　無秩序にふくれる越谷市］（M 68.8.31）

　この8年間に人口が2倍以上にふくれ上がった町がある。かつての農村、いまや10万都市の埼玉県越谷市である。（中略）いまも3時間に1軒の割りで、ぞくぞく家が新築されていっているというからすごい。都心から25キロのところで、まさにフクラシ粉でとめどなく膨張中のドーナツの輪。

［首都圏ドーナツ急膨張　おうちがだんだん遠くなる］（M 69.4.3）

　東京の人口の流れは都心から周辺区へ、さらに三多摩地区から近県へと年ごとに輪をひろげている。（中略）

　政府が住宅政策の重点の1つとして打出している"職住近接"の方針は完全に空念仏に終わり、現実は"職住遠離"に拍車がかかっている。

　このため通勤時間が1時間半―2時間という"通勤旅行"型もザラ。しかも、ラッシュにもまれるだけでなく、ちょっとした交通機関の事故やストのたびにイライラの繰返し。（中略）

　一方、都心からの脱出組を受入れる郊外市町村や隣接県の悩みはますます深刻。東京・町田市のように、1年に1校ずつ小・中校を建てても追いつかず、フーフーいっているところが目白押し。自治体の財源は校舎に食われ、道路はデコボコ、下水道はさっぱり、と"土地っ子"たちからは激しい突上げにあっている。

　しかしこの時期になると、郊外化に対する自治体や旧住民サイドからの不満がたかまり、郊外生活のなかにも諸問題が多くみられるようになる。高度成長期も後半に入り、矛盾点が目立ちやすくなったといえる。たとえば、団地ができてからの諸経費が異常にかかる。インフラ整備や公共施設の設置が必要となり、それへのニーズは次第に高度化する。しかも、それらの維持管理費は恒久的に継続する。そこで、団地建設へのニーズはあるものの、自治体側からは郊外化にブレーキをかける否定的見解が多く発せられるようになる。進行する郊外化に歯止めは効かず、さりとて無制限に開発を進めることもできず、置かれた立場でなんと利害が異なることだろう。筆者が住んでいた団地では、保育所

（民間）や医院（産婦人科・内科小児科・歯科・外科整形外科）はできたが、幼稚園、交番、郵便局、市役所の支所、消防署の分室はついにできなかった。さまざまな事情があったのだろう。保育所の設置でも民間の運営主体とはいえ自治体との密接なつながりが取りざたされ、団地内で裏情報が飛び交った。最後まで真相は不明であったが、子ども心にドキドキしたことを覚えている。

[団地建設に"待った"]（N 65.2.2）
　住宅公団の団地は、ここ2、3年、東京の用地難に追われ、周辺へ、周辺へと伸びるばかり。千葉県内にも、これまでに12団地（約14千戸）が建設されたが、これに対し「公団は小、中学校、保育所、上下水道、市町村の出張所など、団地建設に伴い必要なもののめんどうをほとんど見てくれない」というのが県の言いぶん。このため、団地をつくられた市町村はその対策に追われ、財政面でもかなり重い負担をかけられている。

[近県はイヤな顔　公団住宅]（M 65.3.9 夕刊）
　"公団住宅の進出お断わり"──という動きがあちこちで出てきた。（中略）千葉、神奈川、埼玉の3県が今後同歩調で、公団の無計画な団地造成に反対する態度を打ち出している。（中略）
　団地がきらわれだした最も大きな理由は、学校、街路、公園、上下水道などの公共、公益施設の整備が追いつかないという点だ。

〈団地このごろ（1）〉[もう、おことわり]（M 65.11.26 夕刊）
　学校は…上水道は　重い公共負担なげく地元
　団地…このことばが定着してから、早くも10年近い。（中略）そして、団地をめぐる生活の絵模様は、人々の意識を、いや行政のあり方までもいやおうなしに変えていく。（中略）
　案のじょう公共負担がどっしりとかぶさってきた。

[三多摩　バス輸送はもう限界　団地造り延期も　警視庁が異例の要請]（Y 67.12.16）
　【町田、八王子】団地の建設が続く三多摩地区では、各市町の財政が公共施設整備の先行投資に追われ、道路や駅前広場の拡張、整備も遅れがち。これでは入居者を運ぶバスの増発はむずかしくバス輸送は近い将来、完全にマヒするというのがその要請の

理由だが、警視庁が団地建設に伴う交通対策の立場から、このように広範囲の機関に要請したのは初めて。

　さらに、郊外化というトレンドに便乗した商法や生き方、また悪徳業者の存在が報じられるのもこの時期の特徴である。それだけ郊外化は多くの人に浸透し、関心事となっていたからである。郊外に住まいを求める人の心につけ入ろうとする悪徳勢力もあれば、兼業・転業などで、新しい動向を目指す新興勢力（いわゆるベンチャー企業）も出現するなど、当時の様子が生き生きとみえてくる。現在から考えてみると、うまい話には気をつけること、しかし新時代に対応した生き方を模索することも必要であることがよくわかる。また筆者は、「新駅が数年以内にできるから」という宣伝文句やセールストークで、いまだ交通不便な住宅地を販売する業者の話を聞くと、その後日本テレビ系列で放映された「俺たちの旅」（中村雅俊・田中健主演）を思い出す。不動産会社で営業担当の新人（田中健）が、この宣伝文句をウリに交通不便な郊外住宅を初老の夫婦（加藤嘉・赤木春恵）に売りつける話であった。最後は詐欺まがいの行為に主人公が良心の呵責に耐えきれず、ついに夫婦に真相を暴露してしまう話であった（第29話「生きるのがへたな男もいるのです」）。新興住宅地や団地が生活する上で実質的に便利になるまでにはざっと10年はかかる。生活文化において、インフラ整備から日常生活に必要な施設設備まで、環境整備には時間がかかり、長期的視野が不可欠となる。しかし、それがしばしば忘れ去られることもまた事実である。

　新しいトレンドと考えられる出来事をあげてみよう。先ず、郊外化に伴うニュービジネスから指摘したいが、郊外地域が基本的に消費財と親和的であることがよくわかる。

[土地成金の農家が新商売]（A 65.5.31）
　宅地ブームで、練馬区の農家は転業ばやり。土地を売って、アパートやガソリン・スタンドの経営など、さまざまだが、こんどは、私設プールや、鉄筋フロ屋まで飛出した。

＜あすの首都圏＞［都市の構図　プロパン、近郊を制す］（M 67.11.11）
　現に、新興住宅地が"雨後のタケノコ"のように誕生している神奈川、埼玉、千葉の

各県では、すでに全需要戸数の5、60パーセントがボンベを運べばその日から"火"がつけられる簡便なプロパンガスに占められている。(中略)

　農地の宅地化、工場進出などで田畑を失った組合員をかかえる農協にとっても、ガス事業は魅力ある商売の1つである。都市近郊の農協のほとんどが、ガス・スタンドをかかえ、かつては種子や肥料、飼料など生産に直結するものを売っていた手で、消費財を売りまくっている。

＜首都圏経済＞［ドーナツ地帯　ねらう都銀］（N 68.9.20）
　人口が急膨張する首都圏のドーナツ地帯では都市銀行の進出が一段と活発化している。
　ふくれあがる人口増をあて込んで預金をごっそり吸収しようという作戦だ。都市銀行の関心はいまや都心から完全にドーナツ地帯に移った感じ。

　農家自身が農地をさらに郊外へ、すなわち田園地帯へと移動したケースがあった。都心とは反対方向に通勤する「通勤農家」という表現が何ともユニークである。

［宅地造成で消えるハス田］（A 65.4.4）
　都内で生産するハスの約90％を占めている江戸川区のハス栽培農家は、宅地ブームに追われ地価の安い千葉県へ農地を買替え、自宅から自家用車で新しいハス田へ通勤している。
　このような"通勤農家"が目につきはじめたのは3年ほど前。(中略)
　千葉県内へ進出したハス田は区内とほぼ同じくらいの面積で、通勤農家の人たちは自家用小型トラックに農具を積み、弁当持参で朝8時ごろ"出勤"夕方5時ごろ帰宅している。

　鉄道沿線の郊外化をイメージすると、駅前から同心円状に拡大すると考えがちであるが、売り惜しみや開発整備の都合から、駅前の地価上昇が著しく、当初は駅から多少離れた地域に住宅地が形成されることが多かった。そのような事情を伝える記事がある。

［宅地造成これでいいか（中）　まかり通る違反］（M 65.6.30）
　売り逃げの業者も　買う前に十分調査して…
　いま郊外住宅地は駅と駅の中間から発展していく。駅前の一等地は田園のまま。目玉が飛び出るほど地価が高いからだ。

＜きょうの首都圏＞［駅前空洞化現象］（M 67.10.14）
　「売る土地はない」　値上がり待ち、草ぼうぼう

［土地政策不在　人の住めぬ地価　南浦和　駅前は畑や林ばかり］（M 69.12.2）
　【浦和】東京駅まで直通40分。3年後には東京外郭環状線（武蔵野線）と交差する京浜東北線南浦和駅は、首都30キロ圏内でも将来の発展が約束される指折りの恵まれた地域。ところが新駅開設以来、8年もたっているのに、駅周辺はいまだに畑や林ばかり。夜は暴漢まで出没する。3.3平方メートル当たり100万とも150万円ともいう異常な土地相場。それに売り渋る地主たち、区画整理事業に後手をとったお役所――土地政策の貧困が生んだ典型的なスプロール地帯だ。サラリーマンは、やむなく駅から遠く離れた新興住宅地に住居を構え、せっせと通勤している。（中略）
　事実、駅の近くはガラガラ。離れるに従って家が密集するという奇妙さ。

　ところで、新しいトレンドといっても、郊外化に便乗したネガティブあるいは悪質なケースも報告されている。それらを引用してみよう。

［分譲宅地　初の公開調査］（A 65.4.26）
　建築できぬ特売地　悪徳業者に出頭求める
　土地をめぐるオトリ広告や誇大広告がアトを絶たず、切実な訴えがあいついでいる――と、東京都住宅局と公正取引委員会事務局では25日、初の「公開宅地分譲地調査班」を船橋、浦和、原町田、国立などの都郊外区域にくり出した。（中略）広告や宣伝とあまりにかけ離れた分譲地の実情に「想像以上だ」と調査班員も深刻な表情。

［安い土地にひかれ　危険地帯に続々と住宅］（A 68.7.1 夕刊）
　厚木基地付近　入ってから苦情
　ジェット機が屋根すれすれに飛ぶ基地のすぐそばで、サラリーマンのマイホームづ

くりが盛んに進められている。東京、横浜のベッドタウン——神奈川県大和市の米海軍厚木基地の滑走路周辺。"危険地帯"で、地価が安いためだ。そこに目をつけて悪質不動産業者も暗躍する。事情を知らぬ人たちは、きょうも"危険な空の下"に流れ込んでくる。

[分譲地を一斉調査　１都７県建築Ｇメン出動]（A 68.11.30 夕刊）
　これは分譲住宅、同宅地にインチキや違法はないかを係員が目と足で確かめ、誇大広告や無届け建築などをしている、マイホームの敵を摘発しようというもので、ことし２回目。

[マイホームの夢を食う]（A 69.4.18 夕刊）
　悪質業者23社手入れ　「都心から40分」が２時間

[マボロシの駅　だまされた土地＝その周辺]（M 69.4.19）
　１年後の甘言につい　鉄道側計画なし　バス停から30分
　西武新宿線沿いでは「新駅近く建設」の"おいしい話"をタネに土地が売買されていた。

[分譲地の抜打ち調査　思った通りのインチキ]（A 69.11.10）
　逃げ出す女子事務員　「責任者？さあてどこかな」
　建設省は９日朝、全国一斉に分譲地の抜打ち調査をおこない、都庁からもＧメンが３班にわかれて繰出したが、チラシの文句とは大違いのデタラメぶりが目立った。
　「池袋まで28分」はヘリコプターでも利用しないと無理、それにどの案内人も身分証明書を持っていなかったし、なかにはコソコソ逃げ出すものもいるなど、この日はまるでタヌキがいぶり出しにあったみたいだった。が、どうしてこうも悪徳業者がはびこるのだろうか。

　そのほかに、アパート団地や高速道の建設で莫大な不動産収入を得た農家には、自宅御殿を建てただけでなく、生前に子どもたちに財産分与をした農家もあった。

＜首都圏経済＞［近郊農家に生前贈与ブーム］（N 68.3.23）
　地価が急上昇を続けている東京圏近郊農家の間に、このところ財産を親族に生前贈与するケースが目立っている。（中略）
　さらに大型住宅団地の造成、高速道路の建設などから土地売却代金がまとまって流入した農家では子供たちにかかる贈与税を負担して嫁入り先の娘にまで現金を分ける例も多くなっているそうである。

　筆者は西武池袋線やＪＲ武蔵野線の沿線で、記事にもあった、駅付近には畑や林があり、民家は数軒だけでそこを抜けると郊外住宅地というところを何ヶ所も見た。地元の人は帰宅時、夜間や雨天の時は近道でも畑や林を横切る道は使用せず、人通りの多い道に迂回したり、あるいは駅まで家人が迎えに来るなどしていた。当時バスの最終便は現在よりはるかに早く、まだコンビニもない時代で、街路灯も少なかった。終電近くになると、ホームから駅のタクシー乗り場に急ぐ人たちの競争がすごかった。夜の最終レースは、到着電車のドアが開くと同時にスタートする。性別や年齢、荷物の有無に関係なしの無差別一斉レース。経験から凡そ何人ぐらいと競争するか直感的にわかる。階段、改札口を全速力で走りぬけ、駅前タクシー乗り場へわれ先にと直行する。台数の関係で、順番が遅くなるとタクシーがなくなるからであった。タクシーが出払ってしまうとリターンに30分近くかかる。そこで「郊外に住むなら、多少距離は遠くなっても駅から徒歩圏内」が人気を集めた。駅からバスに乗ると待ち時間も含め、さらに時間がかかるので、これは敬遠された。また「急行停車駅の次の駅が何かと便利」、これは急行電車への接続からも物価の安さからもいえることであった。内風呂がない人のなかには、帰宅途中の銭湯で入浴してから帰宅する人がいて、マイ・フロ道具が脱衣場の棚の上に並んでいた。郊外生活者は画一的に見えて、それぞれ工夫を凝らしていたのであった。このころは内風呂が増えつつも、まだ銭湯が地域のなかにあった。銭湯といえば、テレビドラマ「時間ですよ」（TBS系列）が、女風呂の脱衣所シーンが登場することもあって話題を呼んだが、銭湯がコミュニティの中心であったことを知る生活者が多かったことも人気の要因として作用したのであろう。
　ところで、前述したように、郊外住宅地としてまだ日が浅い地区では犯罪が生じやすかった。当時は駅周辺でも雑木林や資材置き場があり、夜間は物騒な

ところが多かった。交番もなければ、パトロールもしないところも多く、夜の治安対策が不十分であった。またコミュニティ意識も稀薄であった。郊外化がさらに進行拡大したこの段階は、犯罪に変化はあったのだろうか。次に、犯罪に関連した新聞記事を取りあげるが、先ずは、犯罪そのものの報道からあげてみよう。

[団地の2階に"中学生強盗"]（Y 65.2.18）
　卒業を前に同級生二人組　主婦にサルぐつわ　足立　魔の早わざ金奪う　変装、仮の呼び名も

[郊外住宅に白昼強盗]（Y 65.6.19 夕刊）
　工事人装い主婦しばる　久留米
　【小平発】志木街道から約100メートルはいった麦畑に囲まれた一軒家。隣には、建築中の住宅5軒があり、これからの新興住宅地。

[団地に"セールスマン強盗"　川崎百合ヶ丘]（Y 65.6.26）
　巧みに侵入、主婦縛る　「子供殺すぞ」とおどし　ガス社員装い勧誘

[団地隣室の主婦逮捕　上尾の人妻殺し]（Y 67.8.18 夕刊）
　"かげ口いわれて凶行"　借金、しっともからむ？　凶器の包丁も発見　タンスから

[近くの坊やを殺し　ゴミバケツに隠す]（Y 68.7.19 夕刊）
　鹿児島　同じ団地の主婦逮捕

[看護婦さん殺される　川崎郊外　早朝出勤の途中]（Y 69.2.28）
　現場は国鉄南武線新城駅から約1.5キロ離れた中原新道ぞいの新興住宅地のど真ん中。

[団地のゴミに乳児死体　町田]（A 69.11.18）
　出産間もなく捨てる？　残飯集めの牧場で発見

　これらの犯罪に対して、郊外住宅地や団地のどこが盲点あるいは弱点となっ

ているのか、どのような対策があるのか、それらを指摘した記事をあげてみよう。

[アパート防犯術]（A 65.3.14）
　１階は特にご用心　初歩の３点…必ず玄関をしめる・のぞき窓から確認・用心グサリを活用
　屋内犯罪のほかに、団地周辺でのひったくりや婦女暴行もふえていますので、地もとの協力による外灯の設置、そのほかの防犯体制が必要ですし、もし不幸にしていったん入られたら、ヘタに騒がず、金品を持ち帰らせるなどして、犯人の人相などをよくおぼえ、事後は110番に急報してほしい、と警視庁防犯課ではいっています。

<うちの団地・よその団地（17）>［防犯安全の５ヵ条（上）］（M 66.8.1）
　油断大敵！　心にカギ　昼間の来客もノゾキ窓から確かめて

<うちの団地・よその団地（18）>［防犯安全の５ヵ条（下）］（M 66.8.2）
　小さなミスから思わぬ被害を生む　隣近所が注意と協力

[団地ねらう新手の空巣]（M 67.3.22）
　メーター・ボックスから侵入　「お宅は？」警視庁が点検呼びかけ

<取材ノート>［無防備の郊外団地］（N 67.6.10）
　手の回らぬ警察　密室が落とし穴に
　ふえる人口に追いつけない警察力に住民の不安は大きい。特に続々できる団地など新興住宅地は防犯上問題が多い。

<きょうの首都圏>［オレは団地専門のアキス］（M 67.9.16）
　ベランダ…簡単さ　怪しまれても会釈でパス
　カーテンや干し物のない窓　便所やフロの窓もいい入口　防犯ベルや隣人の和に弱い

　犯罪関連の記事をまとめていて気がつくことがある。この時期には、団地内に被害者のみならず、犯人も居住していることである。新興住宅地では相変わ

らず外部者による犯行と考えられるが、入居後数年以上が経過した団地の場合、内部事情に詳しいことやそこで繰り広げられる人間模様が犯行の背景にあったことがわかる。嫉妬やうらみが犯行の原因とされるが、子ども関連、夫の仕事がらみ、ピアノ音や生活音など、部外者にはよくわからない事柄でも、当事者間には複雑で微妙な状況があった。日頃のわだかまりが限界を超え事件を惹き起こしてしまうのであった。さらに、団地生活者の生活サイクルが全員同様であれば昼夜の問題はそれほどでもないだろう。しかし、徐々に第3次産業就業者が増加する時代であった（表1参照）。各戸毎や同一家庭内でも次第に生活リズムの相違が生じるようになった。深夜の帰宅は何かと物音が響く。足音のみならず、嬌声、話し声、水回り音、ドア音、食事音、エンジン音などの生活音は一度気になりだすとキリがない。ベランダに吊るした風鈴の涼やかな音色さえ、時には迷惑音となってしまうのであった。音や光、臭いは発生源の住民にたとえ悪気はなくとも、近隣にとっては騒音、騒光、悪臭となるのであった。これらはまた、被害者側になってこそわかることであった。ちなみに、このエポックのピアノと自動車の普及率は全国平均で、それぞれ、3.4〜6.1％、9.2〜17.3％であるが、団地での所有率はどちらも全国平均を上廻っていたと思われる（『平成19年版国民生活白書』資料編p.264）。

　そこで、当時の人間関係やコミュニティに関わる、より内実的な記事に注目しよう。集団生活における心がまえ、自治会の運営、生協や児童館の設立などが報告されている。また、ダストシュートについては、もはや無用の長物と化していたことがわかる。具体的な事柄の指摘から始めることにしよう。

＜うちの団地・よその団地（23）＞［エチケット（上）］（M 66.8.10）
　ゲタの響き、テレビの音　ベランダの干し物にも注意
　＜音に無関心たるべからず＞　＜ベランダは国境と思え＞
　団地内で遊ぶ子供のはしゃぐ声も、御近所に思わぬ迷惑をかけることがある

［団地　音の悩み］（Y 67.2.7）
　訴え、神経質な人に　話し声で眠れなかった　ピアノ　ステレオは注意
　「下には人が住んでいる」そんな気使いも必要

[収集に不便で不衛生　使われぬダスト・シュート]（A 67.12.24）
　「使えないとわかっているのに、なぜこんなムダなものを作るのか」——アパートの人たちや近くの住民で、疑問に思っている人も多い。

<住めば団地⑦>　[交流を生む黒板]（Y 68.1.13）
　ヒマな奥さんは内職をほしがってはいないか。教育ママは家庭教師を求めていないか。不用品の処分に頭を痛めている人や赤ちゃん用品を格安に分けてほしいと思っている人は多いのではないか。こういう主婦のために、交流の場を作れば多勢集まるだろう——こうして黒板は生まれた。

<住めば団地㉒>　[ゴミを投げ込むな]（Y 68.2.27）
　ダストシュート——ごみ放りこみ所。4階にいても5階にいても投げこむだけで台所のゴミが片づく。至極便利なようだが1階の住人にはこれが実にいやな存在になる。

<住めば団地㉕>　[やかましくするな　窓をあけて騒ぐな　おそく入浴するな]
（Y 68.3.5）
　野中の1軒家ではないことをはっきり自覚して生活することが"健康な団地暮らし"の条件だ。

　集団生活のなかでは他者の側から自己を見つめることが必要であるが、実際にはなかなかむずかしく、生活音でもゴミの問題でも他者からの指摘で気がつくことが多い。トラブルはできるだけ避けたいが、この時代から消費志向が強まりだし、たとえ悪気はなくとも自己中心的言動が増加しだした。いわゆるmeismであるが、その事例がこれらの記事であった。集団体験のなかで他者理解を学習していかざるを得ないが、個人の自由度追求と他者理解は負の相関にあり両立はむずかしい。そこで両者の調停ライン上に、マナーやエチケットといわれる公共の福祉が置かれるが、それらを示す総括的記事をあげてみよう。個人の側からとらえるか、公共の立場からとらえるか、ライン上の攻防が続く。

["本当にむずかしいワ"　近所づき合い]（M 66.6.29）
　助け合いが大事だが　"うるさいこと"もいっぱい

<うちの団地・よその団地（13）>［近隣への態度］（M 66.7.25）
　"開国型"と"鎖国型"と　つき合いは階段から始まる
　よきにつけ、あしきにつけ、団地を象徴する鉄のドア

<うちの団地・よその団地（24）>［エチケット（下）］（M 66.8.11）
　プライバシーの確立　迷惑な、好奇心や見栄
　＜階段は団地の社交場と心得て＞　＜見栄は他人迷惑＞　＜他人の生活に好奇心を持つな＞

<うちの団地・よその団地（28）>［自治会運営のむずかしさ］（M 66.8.22）
　役員も一般と同じ層の人　ツイ反発うけやすい
　新旧役員が交代するとき、団地自治会でトラブルが起きる原因のほとんどは、金の問題だ。

［わが団地は"主婦内閣"　国立団地自治会］（Y 66.11.14 夕刊）
　22人の集団指導制　堅い結束　公団も「手ごわいです」

［主婦の生協　みんなの力で実現　横浜市営・十日市場団地］（A 67.6.15）
　用地交渉に日参　商店会の抵抗と戦って

［女性ばかりの自治会執行部　千葉市小仲台団地］（A 67.6.22）
　見直された"細腕"　役所を説得して児童館

］"連帯感"乏しい団地族］（Y 67.8.31）
　文部省がきびしい診断　「新しい意識」づくり検討

［団地"文部省診断"に異議あり］（Y 67.9.2）
　"一面的なきめつけ"　努力している姿見ずに　地元と仲良く交流　お祭りやPTA通じて
　"永住派"が多数　都心が近く便利なら　連帯感の芽ばえ　牛乳など日常の消費生活から

［団地共益費］（A 68.2.15）

　平均4割も値上げ　自治会は反対運動

　清掃などの作業員の人件費の値上りが主な理由だが、これで月1,000円を超える団地も多くなる。

［値上げする団地共益費］（A 68.3.1）

　いま、いくつかの住宅公団の団地で、共益費の値上げが問題になっています。共益費とは、家賃と別に団地内の道路、芝生、樹木といった共用部分の清掃や、ゴミ、下水の処理などに使われる費用のことです。

＜首都圏経済＞［県外勤務者は無関心　神奈川県民の自治意識］（N 68.4.23）

　県外に勤務しているベッドタウンの住民は県政に対する関心、県民意識が薄い──などがわかった。

＜話題の広場＞［不正相つぐ団地自治会］（M 68.7.29）

　上意下達　住民の無関心がカベ

　この時期にはすでに、埼玉都民あるいは神奈川都民といわれる原型が形成されていた。身辺的生活問題には関心をもつが、市政一般や県政に関してはそれほどの関心をもたない。これは選挙投票率の低さからも窺うことができる。また、専業主婦が多い時代であり、団地内外の活動で女性の活動が目立つのが特徴である。団地生活も定着するにしたがい、またそれ故の生活問題も生じて、次第にイン・グループとしてつながりをもつようになった。フォーマルなグループもあればインフォーマルなグループもあったが、自治会として実質的に機能したフォーマルな事例を、行政との交渉などにみることができる。生活者として諸問題を具体的に把握しているだけに、交渉において粘り強く説得力を発揮したのである。

　ところで、郊外団地・住宅地で育った子どもにとっては、ここが故郷となる。子ども会組織（児童会・育成会）も誕生し、諸活動をするようになった。子どもに関連する記事をまとめてみよう。なお指摘されているピアノの上階への搬入を筆者も見たことがあるが、滑車を使って吊るし上げるその見事な手際の良

さに、見物人一同ため息をついたことを憶えている。作業時間もそれほどかからなかった。そして、その様子は夕食時の話題になるのであった。「今日、○○さんの家がピアノを買ったよ」と。なお、ピアノではなくオルガンを購入した家もあり、こちらは階段から運んでいた。

　子どものお稽古ごとには、ピアノやバレエ、絵画があったが、特に女子に人気があったのはピアノであった。まだ学習塾やスポーツ教室が本格化する以前の時代であった。

［団地にかなでるピアノ教室　不況知らずのブーム］（M 66.1.25 夕刊）
　幼児のピアノ教育が全国的に静かなブームを呼んでいる。とくに団地ではあの窓、この窓からポンポンポンと"子供のためのバイエル"がにぎやかにこだまし、4才から7才の就学前の子供のいる家庭でピアノの有無は生活水準のバロメーター的存在。流行の基盤は楽器メーカーが販売市場の開拓をねらってはじめた"ピアノ教室"だが、いまでは買いたい人が多くて生産が間に合わず、予約して2、3ヵ月たたぬと手にはいらないほど。その最大の得意先が団地。（中略）
　「○○さんでも買いましたョ。お宅もいかがです」とセールスマンにいわれるのが団地の住人の泣きどころらしい。ともかく玄関の扉をはずして4、5人がかりでかつぎ込んだり、クレーンでつるして窓から運ぶなど、ピアノを入れるのに大騒ぎするのも団地名物の1つ。

＜うちの団地・よその団地（19）＞［おけいこブーム］（M 66.8.3）
　団地っ子は悲し　母親のミエの犠牲に　休養の時間がない　ピアノがグンと多い　子供を通じて競争

　その他、子どもをめぐる当時の言説が窺える記事を引用しよう。そこに描写された団地っ子の様子、もろさ・受験競争・おませさ・夜行性には、一見すると共通性が見当らないが、考えてみると、いずれも近代化が必然的にもたらしたものである。利便性の追求、さらにはサービス向上が近代化の使命である以上、第1次産業時代の価値観や特性が退行することは時代の流れであった。現在では産業の高度化による自明の現象と考えられるのであるが、この時代にいちはやく子どもをめぐる言説に、その兆候が現れていたのである。

＜うちの団地・よその団地（20）＞ ［鍛えられる張り子のトラ］（M 66.8.4）
　両親とトレーニング　先生も真剣　耐久力を育てる
　体格はいいが、もろい。団地の子は"張り子のトラ"だといわれ出してからかなりになる。鉄筋アパートがもたらす住宅環境、親たちの過保護、過剰な"おけいこスケジュール"こうしたことが重なり合って、耐久力のない、もろい子が育とうとしている。（中略）
　"団地学校"の先生たちは「発育のよいのは結構だが、耐久力がない。階段でころんだり、ナワとびしただけで骨を折るような、もろい子では困るのです」と悲観的だ。

＜うちの団地・よその団地（21）＞ ［学童ラッシュ］（M 66.8.8）
　頭かかえる周辺校　プレハブ教室、3部授業
　一時、全国的な問題として騒がれたベビー・ラッシュは、まだ団地周辺では続き、深刻な問題をなげかけている。

＜うちの団地・よその団地（22）＞ ［団地学校］（M 66.8.9）
　農家の子との差　教育めぐりトラブル
　どの点をとらえても、団地の子と農村の子は対照的である。そのうえ団地の家庭は比較的学歴の高いホワイト・カラーが半数以上。なにかにつけておおらかな農村地帯の親とは違い、教育に対して注文をつける。
　受験戦争が、教育ママたちの学校に対するつきあげを、よりはげしくする。

＜まち＞ ［団地流ママごと遊び］（Y 66.11.28 夕刊）
　ある公団住宅の中にある団地小学校でこどもたちがママごと遊びをしている。（中略）"お客さま"がきた。主婦気どりの女の子が団地特有の"のぞき穴"をあけるかっこうをしながら「あら、いけません」。これを見ていた校長先生が「昔なら、両手をついて"いらっしゃいませ"というところだが…」と、その変わりぶりに目を見張った。こどもたちの生活環境を考えれば無理のない話だが、よく親のしぐさを見ているものだ。（日野市・S.F）

＜団地だより＞ ［深夜までうろつくカギっ子たち］（Y 66.12.5 夕刊）
　不良化は自分の家の問題でなく、団地のようなところではみんなの問題である。それだけに、カギっ子クラブがあれば、どんなによいのにと思う。この団地には、100人

のカギっ子がいるので、早急に学童保育クラブの建設がのぞまれる。(上石神井団地・一主婦)

[朝食ぬきの小学生　埼玉県福岡第二小の調査から]（A 67.6.29）
　空腹感でヘナヘナ　原因　遅い支度や朝寝坊

　アパート団地では犬や猫を飼えなかったが、金魚や小鳥を飼育することは流行っていた。小さくとも命あるものの世話は毎日必要で、簡単ではないことが体験してみてわかった。それだけに死んでしまった時の悲しみは想像以上で、石を載せた小さなお墓を花壇や空き地に作った。細やかではあるが、生命の尊さの一端に触れた気がした。また同時期に調布市の深大寺裏にあるペットの慰霊堂を見たが、犬・猫の位牌や骨壺の多さに圧倒された。小動物の世界にも格差があることを知ったが、家畜からペットへの移行が始まったエポックであった。かれらは、生産や労働に寄与する道具的存在から、家族メンバーとしての表出的存在に格上げされ、精神的よりどころとなりだした。この意味での小動物のペット化、コンパニオン化は、この時代から始まるのである。

<住めば団地⑬>　[知能、成績とも優秀]（Y 68.1.30）
　小学生たちの成績。たいへんよろしい。ママの熱意が結実している。(中略)
　平均的に学力が高いから、5段階の通知表を団地の学校では使えない、という意見がある。実際にやめている学校さえある。

<住めば団地⑰>　[禁じられた遊び]（Y 68.2.8）
　新所沢団地のSストアが、ある時、ヒヨコを大売り出しの景品にしたところ、団地っ子に爆発的な人気を得た。だが、ヒヨコを含めて、団地で動物を飼うのは"禁じられた遊び"である。

<ちびっ子パワー　その8>　[団地育ち]（M 69.1.12）
　小犬が飼えたらなー　パパ、家つくってよ
　マーボーこと雅美は東京の団地っ子1号である。誕生日は31年11月4日。(中略)
　マーボーが団地っ子を意識したのは小学校3年生ごろ。お友だちのうちに遊びにいっ

たら、庭があって、犬が3匹もいた。

　団地の入居者は、勤め人を世帯主とする家族が基本であった。30代40代の夫婦が中心で、その子どもの数も多かった。3人4人キョウダイもいた。いわゆる現役世代で夫婦と子どもから構成される核家族であるが、なかには少数ながら夫婦の親（夫の親）にあたる高齢者が同居している家族もあった。小学校の同級生で祖母と一緒に暮らす団地っ子がいたが、弟や妹もいて「トイレはいつも使用中」と言っていた。2DKで、どうやって生活しているのか、どうやって寝るのか、お母さんは義理のお母さんと四六時中一緒で大変だ…と、他人のことながら気になった。人数が多い家庭では、二段式ベッドを使って寝る場所を確保し、あるいは押入れや納戸（物置部屋）を改造し、子どもの寝室兼勉強部屋として使用していた。まさに「窮すれば通ず」で、そのアイディアに感心した。記事に高齢者のことはあまり記載されていないが、これは当時、高齢化社会に危惧をもつ者が専門家を除いてほとんどいなかったこともあり、自然の成り行きであった。高度成長期の日本は、あくまで現役世代が中心のエネルギッシュな社会であった。そのなかで、数少ない高齢者に関する記事を紹介しよう。

[団地老人哀話]（N 65.11.15 夕刊）
　憂さの捨て所なし　設計段階から邪魔扱い　今後ますます大きな問題に
　現代座敷ろう　若夫婦のみえ　生かせぬ趣味　不安定な立場
　新婚夫婦からせいぜい中年サラリーマンの巣のように思われている団地にも、かなりの老人が住んでいる。だがもともと"老人向き"にできていないうえ、若夫婦との同居などの場合には、また一般と違った悩みもある。

<赤でんわ>　[団地に多い"閉じこめ老人"]（Y 66.12.12）
　ある老人は、私にネコとイヌの話をしてくれた。「おなじに人間に飼育されていても、ネコは気ままに行動できますが、イヌはいつもつながれているでしょう。わたしらは、イヌみたいなものです。ネコがうらやましいですね」と。（長野県松本市・会社員）

＜住めば団地㉟＞［新旧市民　敬老会もいっしょ　心のカキ取り除く］（Y 68.3.28）
　共同社会は団地の境界で区切られてはいけないという自覚が、芽ばえはじめている。

　この時期（1965年）の平均寿命は、男性67.7歳、女性72.9歳で（『平成19年版国民生活白書』資料編p.251）、要介護や寝たきり状態の高齢者はまだ一般には想定されていない。1972年に『恍惚の人』（有吉佐和子）が発表され話題を呼んだが、身近な問題として受け止めた人は少なかった。専門家を除いて1960年代まで高齢者問題への関心は薄かったのである。引用記事も、外出ができる高齢者の昼間の生活を支援する視点で書かれている。エレベーターの有無、商店街や医療施設までの距離、自治会や清掃の当番などが、高齢者にとって重大な問題になるとは誰も想像ができなかった。在宅での高齢者支援に関する記事も見当たらなかった。これらを予測する者はまだいなかったのである。それよりも、妊婦へのアドバイスや保育所増設、ペット飼育、駐車場確保などが当面の課題であった。繰り返すが、あくまで現役世代中心の時代であった。それでは、駐車場関連の記事からあげてみよう。

［団地族にキツイ禁止令］（N 65.3.28）
　イヌやネコは追放
　団地のオナドラ族などにぐんとキツい「新住宅公団管理規程」がこのほどできあがり、日本住宅公団は4月1日からの入居者に適用する。これによると、新入居者は絶対に公団の指定する団地、台数以外、車を持ち込めない。またイヌ、ネコなどの動物は完全に団地から締め出されることになる。

＜うちの団地・よその団地（4）＞［不備な駐車場］（M 66.7.7）
　欠けた長期ビジョン　マイ・カー族の手で作る
　10年前には今日ほどの自家用車の普及は予想できなかったし、限られた予算の中で1戸でも多く住宅をつくり住宅難を緩和する方が急務だというわけである。ところがいまや駅から遠い団地では、車はぜいたくどころではない生活の大事な"足"になっている。耐用年数70年という団地づくりに、長期のビジョンが欠けていたことが、こんどの各団地の駐車場をめぐる騒動の原因といえそうである。

[「悪質者は立退かす」　公団　団地の青空駐車に注意］(M 66.10.1)
　東京・赤羽台団地では、団地内の道路を仕切って仮設駐車場をつくったため「駐車場より子供の遊び場や緑地をつくれ」という非難の声があがっている。逆に入居しているオーナードライバーは「いまや車は生活必需品も同然」と反発している。

＜すまいのガイド＞［遠くても"駅まで車"なら］(M 67.3.1)
　朝、駅まで自動車で来て、車は夕方まで駅前広場の駐車場に置く。奥さんに駅まで送ってもらうというのも一方法。夕方は奥さんが駅まで迎えに行く。その途中、夕食の買い物をすますという寸法。

＜東京メモ＞［団地のマイカー族］(Y 67.11.13)
　お手上げの駐車場　騒ぎ波及、こじれる対立
　「車は生活必需品だ」というマイカー族に対し「いや、一部の人だけにしか手にはいらないぜいたく品」と反撃するなど、団地という小さな生活集団の中で感情的な対立まで生み、問題の解決をますますむずかしくしている。

　昭和40年代の耐久消費財は3Cといわれるが、その1つマイカーが、団地ではこの時代、「ぜいたく品か生活必需品か」の綱引き状態にあったことがわかる。先駆的な団地にしてもであった。なお、マイカーの世帯普及率が20％までを富裕層の時代、それ以降を大衆化の時代と考えると、団地ではこの時代、20％前後の普及率であったのではないかと考えられる。データでは、10％を超えたあたりであるから（『平成19年版国民生活白書』資料編p.264）、やはり団地の普及率は全国平均の2倍はあったのではなかろうか。
　次に保育所であるが、公立保育所設置の要望が目につく。専業主婦から働く女性の時代への移行を予感させるのである。

＜うちの団地・よその団地（5）＞［6畳、4畳半の私設保育所］(M 66.7.11)
　ここは千葉県柏市の戸数4,666の豊四季団地。公立の保育所が設けられるまではと、働く母親、主婦がスクラムを組んで涙ぐましい努力を続けている。

＜うちの団地・よその団地（6）＞［東久留米（東京）団地の実情報告書］（M 66.7.12）
　カンガルーになりたい　「公立保育所」を待つ母たちの悩み

＜うちの団地・よその団地（7）＞［保育所づくりの壁］（M 66.7.13）
　どこも赤字にあえぐ　シリごみする自治体、サービス会社

＜団地だより＞［保育所ができる］（Y 66.11.28 夕刊）
　4年間の"波状陳情"で（東久留米団地・I）

　老親と同居をしない夫婦中心の核家族では、妻は身体的にも精神的にも以前より解放された。長男以外と結婚した妻は、嫁意識が次第に希薄化していった。しかしこの時代でも、長男と結婚した妻には、嫁意識が残存していた。たとえ当初は親と別居でも、「いつかは面倒をみなければ」という覚悟があったように思える。家族社会学ではこのような段階を、小イエ（近代的家父長制）といっている。封建的な意味でのイエ制度ほどではないが、その教育や影響を受けた戦前生まれの世代が高度成長期を支え推進した実質的世代であり、潜在意識にこれらの影響が作用していた。それが時々顔を出す。「長男だから、男だから、跡継ぎだから…」と、これが小イエである。これらが消滅するには時間がかかる。高度成長期を支えた心理的エネルギーには、実は潜在的に、この小イエ的部分が隠されている。「プロジェクトX」的エネルギーを発揮した担い手たちが、戦争体験者で生死の境界を実感した人びとであったことを忘れてはならない。それだからこそ死にもの狂いでモーレツに働くことができたのである。そして、団地で子どもが多く生まれたことには、それなりの理由があった。日本のベビーブーマーは1940年代後半に生まれた世代をいうが、アメリカのそれはさらに10歳ほど後の世代までを含むという。高度成長期に郊外住宅地で生まれた世代は、この点では、アメリカのベビーブーマーに近似している。こうして、70年代以降の第2次ベビーブーマーへとつながっていくのである。

＜住めば団地⑲＞［軽い妊娠中の症状　核家族が気を楽に］（Y 68.2.22）
　生活様式の現代化が、現代の妊婦からツワリを奪う。団地がその典型だとすれば、やはり団地こそ時代の先端をきる家族集団ということになる。

[お産に悪い団地の5階]（A 69.7.14）
　上り降りが響く　死産は全国平均の倍　名古屋で調査

　これまで郊外の団地や住宅地を考察の主対象としてきたが、ここにおいて、工業（ものづくり）団地や商業（卸）団地の誕生、さらには大学の郊外化なども指摘しておく必要があるだろう。「○○製作所」あるいは「□□株式会社△△事業所」と称する工場が農地のなかに誕生し、農業従事者がそこで働くようになる。都市部だけに雇用の場があるのではない。農業人口の減少や兼業農家の増加で、農業地帯も変容する。第1種兼業農家・第2種兼業農家という用語もあった。また大学も「◇◇大学多摩校舎」のようなケースが生じたが、これらは郊外化というトレンドの影響力がいかに大きく全面的なものであったかの証左である。都市部からの郊外化も農村部からの郊外化も存在したのである。そして、時代は高度成長期であったが、次の第3次産業中心のサービス化社会へと着実に向かっていた。筆者はこの時代に叔父がマイカーで、有名な女優さんがオーナーという彼女のイメージにぴったりの瀟洒な郊外レストラン（多摩湖畔）に連れて行ってくれたことを今でも記憶している。食堂での食事とは異なり、おしゃれな雰囲気のレストランで食事を楽しむということを初めて体験した。外食の場が食堂からレストランへと変化しつつあった。ちょっとした高級感が魅力なのだ。その後続生するファミリーレストランの先駆けであった。またある時、団地外側の水田跡に地元では有名なチェーン店のセルフ式スーパーマーケットがオープンした時のことであった。初日のセレモニーに、当時人気のあったテレビ番組「ザ・ガードマン」（TBS系列）に出演していた俳優のKさんと女優さん姉妹2人がやって来た。筆者もスター3人を見に行った。Kさんは、スーパー経営者のご子息で、仕事仲間と一緒にオープニングに駆けつけたのであった。その3人はテレビによく出演していたが、元来は映画俳優であった。このエピソードは、「娯楽が映画からテレビへ移行しつつある」ということと「警備と保障が業務になる」ということに深く関連していた。高度成長期に端を発する盛衰の事象として、筆者の脳裏に深く焼き付いた。それでは次に、こうした変わりゆく新動向の記事をあげてみよう。

＜首都圏経済＞ ［都心の出版社　倉庫を郊外へ移す　本を集中・能率的に管理］
（N 67.10.6）
　東京の出版界はこのところ好景気続きで、各社とも本社の編集、業務など中枢管理部門を充実する一方、倉庫部門を分離、隣接県や板橋、練馬など周辺区部へ移転する動きが活発になっている。

＜首都圏経済＞ ［近郊新時代③　衛星デパート］（N 68.1.10）
　膨大な購買力追う　都心での伸びは限界に　新しい中心地形成へ
　こうした"衛星デパート"構想が次々と出てくる背景は都心から分散する多くの人口をかかえた近郊が鉄道や道路網の整備、それに自動車の急速な普及と相まって膨大な購買力を吸収し得る力をつけはじめたことにある。

＜首都圏経済＞ ［工業団地　快調な売れ行き］（N 68.8.31）
　ひところは不振をかこっていた首都圏の工場団地の売れ行きが、ここ１年ほど前からにわかに好調になってきている。これは景気調整下ながらも、首都圏の工場立地熱がきわめて根強かったうえ「工場は工場団地に」といういわば団地集中率が高くなっていることによる。このため、首都圏の工場団地の需給関係はかつての供給過剰から供給不足気味になってきており、新しい工場団地の造成熱が再燃しようとしている。

＜首都圏経済＞ ［激動期を生き抜く"首都圏民"］（N 68.12.29）
　新天地求め外郭へ　近代工場に衣替え
　市街地中心部の問屋などはその典型で、店舗倉庫の狭さと交通渋滞に悩まされて能率は下がるばかり。それをいち早く見越した群馬県高崎市の問屋百数十社は、郊外の水田地帯のまん中に広い卸商団地を造成して集団移転した。（資料４参照）

［三多摩は大学ラッシュ］（N 69.4.3）
　地価割安　「東京の大学」に適地

＜環七　下＞ ["ムード"を売る郊外レストラン］（Y 69.4.19）
　商売は夜が中心。最初のピークは８時前後。家族づれが多い。二度目は午前１時。若者であふれる。（中略）

— 47 —

資料4　高崎市問屋町

問屋町駅前通りの風景
(2012年)

高崎市問屋町は愛称をビエント高崎(viento takasaki、ビエントとは新しい風の意)といい、商工会議所を中心に繊維や食料品のほか、建材・電気機器・食器・事務機器・玩具・燃料・薬品・自転車などあらゆる業種の卸商が集積する問屋街である。その他にも、金融機関、ホテル、飲食店があり、合計120の店舗・機関がある。国道17号線沿いにあり、関越道の前橋インターチェンジへ2.5キロと立地にも恵まれている。しかし、平成以降は生産拠点の海外移転や脱問屋のリストラ策に直面し、文字通り、ビエントを模索している。一角に保健医療系大学を誘致した。(一部ビエント高崎のホームページを参考とした。http://www.viento-takasaki.or.jp/about/history.html)

　"郊外レストラン"は、住宅地を切り開いた地区にかたまっている。畑やあき地も目立つ。

[レジャー農園　土が欲しい＝団地族に大モテ]（M 69.4.24）

　休日は一家そろって　年間数千円、地主さんも思わぬ"収入"

　家族ぐるみで土いじりができ、チョッピリ新鮮な味覚も楽しめるレジャー農園が、団地やアパート住まいの"庭なし族"に大モテ。息づまるような都市生活から逃避しようという都会人ならだれでも持っている欲望を背景に生まれたこの"新商売"は、広がる団地やアパートの波に乗ってさらに流行しそうだ。（中略）

　このレジャー農園は数年前畑地など残り少なくなった東京世田谷、練馬区などの農家が副業にはじめたのが最初。

＜民間デベロッパー活躍（3）＞[大量消費を追う]（N 69.9.6）

　急増するドーナツ圏人口。めざましい勢いで進むモータリゼーション。これらの要因は首都圏の商業立地を都心から郊外へと大きく変えた。こうした商業立地の郊外化現象をいち早く予測して郊外のショッピングセンターに真っ先に名乗りをあげたのが東京・世田谷に目下建設中の玉川高島屋ショッピングセンターだ。(資料5参照)

資料5　二子玉川

二子玉川駅周辺の様子（2011年）

ショッピングセンター駐車場の平日の様子（2012年）

　　現在は超人気スポットとなり、ショッピングセンターの駐車場は平日でも満車。週末や
　　休祭日は周辺道路に大渋滞が生じる。開店当初はハードルが高く、駐車場もガラガラで
　　あったのが信じられないほどの賑わいを見せている。

　このようなトレンドは、郊外住宅や団地においても同様であった。量の時代から質の時代への転換といえるであろう。従来のように住宅を提供しさえすれば、「建てさえすれば」人々が満足する時代ではもはやなくなりつつあった。一億総中流となった人々は生活環境に次なるニーズを求めだしたからである。立地条件しかりである。外見からは同様に見える家族でも、個々の家族にはそれなりのニーズがあり、その変容もあった。消費者のニーズに真正面から向き合う目線が必要となった。筆者の中高時代、繁華街で代々家業を営むクラスメイトが数人いたが、かれらは「人の流れが変わってきた」と異口同音に言っていた。当時の筆者には何のことか理解できなかったが、その後数年にして、繁

華街は旧市街地化し、人の流れは確実に変わった。そのクラスメイトには、家業の電気店をミュージックショップに変えた者、家業を継がずサラリーマンになった者、サラリーマンを主とし家業を副業とした者（兼業自営業？）、家業の製氷店をドライアイス製造とギフトショップ兼喫茶店に発展させた者がいる。映画『ALWAYS 続・三丁目の夕日』（西岸良平原作、山崎貴脚本・監督、2007年）に、氷屋の主人（ピエール瀧）が、空き地に無造作に捨てられた氷で冷やす旧型冷蔵庫を見つけ、呆然と立ちすくむ印象的なシーンがあるが、この最後のケースは、この氷屋の主人のその後の再生の姿に他ならないのだと筆者は理解している。

　いずれにせよ、サービスが本格化する多様性の時代が確実に近づきつつあり、転換期は目前に迫っていたのである。

[だれのための都営住宅　ソッポ向かれた村山団地　遠くて通勤に不便]（N 65.10.7）
　深刻な住宅難の東京で、都営住宅のあきべやが665戸分も出るという"珍事"が6日持ちあがった。これは都住宅局が北多摩郡村山町に建設中の村山団地で2種住宅の入居者を公募したところ申し込みが少なく、せっかくのマンモス団地が都民からソッポを向かれたためで、公募にさいしてこんなに大量のへやが余ったのははじめて。

[不人気な分譲住宅　船橋と立川　無抽選も出る　公団が再検討]（A 66.10.27）
　4、5倍の申込みを予想していた公団側は不人気の原因について①頭金100万円を出せる住宅困窮層がだんだん減ってきた②いずれも東京都心へ1時間余かかる③とくに千葉県方面は不便だという先入観がある④せまいことや間取りの不満が多い⑤PRが不足、などをあげている。

[買って下さい お願いします　都の村山分譲宅地]（A 66.11.20）
　交通不便、半分売れ残る
　こんなにソッポをむかれた原因は、環境がいいといっても、交通の便が悪く、都心から遠すぎること。（中略）なにしろ電車やバスの回数が少なく、都心まで最低1時間半、まず2時間は必要。（中略）
　いかにせん、この交通機関の劣悪さを知って、現場を見にきた人は考えこんでしまい、買うのをやめるのだそうだ。

［もったいない！　ガラあき団地　墨田の都営住宅］（M 67.11.5）
　都のいい分　「失格が多かった」
　墨田区文花の都営文花団地の話だが「住宅難時代にもったいない」と近所の人たちは首をかしげる。

［ソッポ向かれた3DK　公団花見川分譲住宅］（A 68.6.28）
　500戸に申込み1割　駅に遠く「バス見込み」

［曲りかどの公団分譲住宅］（A 68.7.6）
　分譲住宅の不人気は、都心部からの距離、間取りの狭さにほぼ比例している。遠ければ広いものを、狭ければ近いものが望まれる。それが、ついに花見川で、入居者ががまんできる限界を越えたともいえる。しかも、これはやがて全国的な傾向になりそうだ。分譲住宅はもはや"建てさえすれば"の時代ではない。公団の戸数消化主義が、反省を求められる時がやって来たのだ。

［遠い高い狭い　不評の新興公団住宅］（M 68.8.17 夕刊）
　「建てさえすれば…」の時代は過ぎた　上尾団地、3DKも再募集
　住宅公団が建てれば、だまっていても10倍、20倍の競争率——という時代はすぎた。（中略）「遠い、高い、せまい」では住宅に悩む人たちも飛びついてこなくなったといえそうだ。

［住宅難どこ吹く風　公団の申込み激減「えり好み」が原因］（M 69.6.1）
　新規団地や空家の募集で、競争率が低下してきている。とはいっても、場所によってモーレツな倍率だが、この住宅難時代に不思議な話。公団も「新しい団地はどうしても遠く、家賃が高くなるので、敬遠されるのでしょうか」と首をかしげている。（中略）質的な変化がきていることは確かなようだ。

［きらわれた"イーストサイド"　公団大島4丁目団地］（A 69.8.10）
　空家がまだ600戸　高い家賃、周囲は工場
　江東区の工場跡地に最高14階建の高層住宅が7むね建てられている。通勤時間は東京駅まで約30分。

家賃は2DKで21,800円—22,400円、2LKで26,300円—28,100円。郊外団地では3DKでも20,000円以下だから、かなり割高だ。

[「通勤至便」も魅力なし]（M 69.10.1）
　高家賃・公害　借り手ない公団大島団地

　1965年から1969年までをまとめると、郊外化の一層の進展とそれに対する問題点の顕在化という異なるベクトルを指摘することができる。郊外住宅地の立地条件は遠隔地で通勤時間がかかりすぎても、さりとて近距離で家賃が高すぎても人気が出ない。そして間取りも2DKでは狭すぎる時代となった。当然とはいえ、入居者の好みがさまざまで、ニーズが多様化しだしたのだった。郊外生活の長所短所や問題点を内包した展開といえるだろう。しかし、この状況が明確に認識されていたとは言い難い。しかもそこに、次なるサービス化社会の足音も近づきつつあったが、これがより可視化されるのは次の段階であった。それでは高度成長期の最終段階、サービス化社会到来の足音がいよいよ近づく時代へと駒を進めよう。

5　1970年から1973年まで―サービス化という質の時代へ―

　このエポックは、学園紛争あり、ニクソンショックあり、オイルショックありと、内憂外患の刺戟的で騒然とした時代であった。公害問題への対応も急務で、環境庁が設置されたのは、1971年のことであったが、1970年に開催された大阪万国博覧会以降、楽観的なバラ色の時代観は急速に陰りを帯びだした。これまでとは何かが違う。筆者は高校を卒業し大学に入学したが、漠然とした閉塞感や不安感を強く感じたことを記憶している。1969年の東大入試の中止は、翌年にも多大な影響を与えた。筆者は受験勉強に嫌気がさし、現役で確実に合格できる大学への進学でよいと考えた。後日、この世代をしらけ世代と呼ぶことを知ったが、モチベーションの低下を進学先の法政大学で救済してくださったのが、ゼミの中野収先生であった。ある時の雑談で、『赤頭巾ちゃん気をつけて』（庄司薫、1969年芥川賞受賞作品）のなかに、近未来のパースナリティを予想するヒントがあるとアドバイスをくださった。その主人公は優秀なエリートで、自分とは無縁な存在に思えた。しかし先生は、「君たちのなかにも、こうしたパースナリティが通底している。だから内向的な優しい世代だ」と喝破された。観察対象にされた気分で、何か釈然としなかったことを憶えている。しかしその後、先生が指摘された事柄はことごとく適中した。思いつきの預言ではなく、確かな論拠、中野ロジックがあっての指摘であった。当時から、大量消費社会の末路的諸現象（今日いうところのカワユイや草食系男子、個人ではなくおたくor孤人、モラトリアム社会、メディア社会・メディア人間）の発露を察知しておられた。それも10年以上先まで見通す慧眼であった。分析で終わるのではなく、これから先どうなるかを常に熟慮され、並外れた理解の深さであった。このスタイルは筆者の救済となった。以後、常に愛情はあるが厳しい刺戟を終生与え続けてくださり、学問のあるべき姿を教示してくださった。日比谷高校から東京大学、同大学院と進学された先生の足元にはまったく及ばないが、筆者が今日まで文化研究を継続してきたスタートは、間違いなく中野先生との出会いにあった。自分にとって実に偉大なモデルであった。

　高度成長期の最終局面は、このように公的にも私的にも疾風怒濤の時代であった。これまでとは異なる空気が社会に蔓延しだした。確かにいままでとは何かが違う。しかし、それが何かはよくわからない。こうした鬱屈した時代の

なかで、郊外生活者はどのような生活を送ったのであろうか。しかし変化の兆候は確実に現れていたのである。

　あこがれの郊外住宅地といっても、都心から遠距離になるにつれ不人気さが増すこと、戸建てよりもマンションに人気があることが引き続き指摘できる。そして、ついには都心から60キロ・70キロという通勤圏も登場するが、このトレンドは、居住者の通勤時間や支払能力によるもので、中間層である郊外生活者の実情に即したものであった。それにしてもこの距離は限界というべきであろう。これらはまた、多様化の側面でもあった。そして記事のなかには、あえて物件の悪条件を事前に明言するものまで現れた。これは入居者のクレーム封じ策であり、同時に住宅提供側の態度が軟化しだした、これまでにない事例といえるであろう。造り手よりも居住者の生活環境を重視する時代となりだした。極論すれば時代の転換期であった。さらに郊外化は、首都圏や大都市圏に限らず、遅ればせながら地方都市でも相似的に展開する全国的現象となった。郊外国家日本の始まりであった。

［千葉の湖北台団地　建てればの時代去りました］（A 70.4.10）
　　通勤2時間　タクシー500円ではネ
　住宅難きびしい首都圏で、新しい団地ができたのに当選者からキャンセルが続出し、日本住宅公団は「入居者を再募集しなくては…」とあわてている。（中略）
　団地を誘致した我孫子町にとっても、この不人気は計算外だった。

［交通不便＝きらわれた団地］（M 70.5.8）
　　中学建てたが生徒54人　千葉・我孫子町湖北台団地

［交通至便ただし騒音・ホコリあり　お断わり付き募集］（Y 70.8.13）
　　道路沿い南大和分譲団地
　東武東上線成増駅から西に3キロの埼玉県北足立郡大和町に建設されたが、だんだん遠くなりつつある公団住宅としては交通の便のいいところ。（中略）
　こんどの募集のパンフレットでは「団地の南側は公道で、公道沿いにはつき山、ヘイなどによって設計上、防じん、防音に対して配慮してありますが、なお騒音、ホコリなどが予想されます」と入居後のトラブルをさける断わり書きをしている。

["騒音団地"はごめんだ　松戸の住宅公団高塚］（A 70.9.10）
　【柏】「3DK、分譲価格320万円、都心まで50分」というキャッチフレーズで売出された日本住宅公団松戸・高塚団地で、当選者の入居辞退が相次いでいる。実際に行ってみたら交通の便が悪かったのと、すぐ前を走る県道の騒音がひどいというのが理由。

[もう手が出ない　マンション建設　都心から郊外へ］（M 70.12.8）
　職住近接を売りものにしてきたマンションに、最近"脱都心現象"が目立ってきた。都心部の地価の上昇と、日照権問題などで住民パワーの圧力が強まってきたためで、これからのマンションは郊外進出時代を迎えるのではないかというのが業界の一致した見方だ。

[すごいマンション攻勢　多摩　武蔵野］（M 71.2.17）
　　トラブル次々に　日照権、電波障害、騒音
　　自治体の同意を　市長会　建築基準法改正望む

[埼玉の公住わし宮団地　空家多く、常時受付］（M 71.9.15）
　　"都心へ1時間半"でシリごみ
　いくら住宅難といっても遠すぎるというのが人気薄の最大原因のようだが、常時受付けは昨年春の千葉県我孫子市の湖北台団地についで関東地方で二度目。

　一戸建ての場合、通勤時間が1時間半を要する立地が限界点と考えられるが、マンションの場合、その限界点がさらに延長しているケースがあった。購入金額が関係しているのであろうか。通勤所要時間と引き換えに、自然環境の恩恵を得るのであろう。遠めの郊外にもメリットはあった。こうして時代は、アパート団地からマンション、それも高層化の時代へと変容していくのである。

[郊外マンション　住み心地は］（M 72.4.11）
　　"一戸建て断念"組が多い　仮住まいとして満足

＜してつ　途中下車（75）＞［ニュータウン聖蹟桜ヶ丘］（M 72.9.20）
　　京王帝都電鉄　山野のむ宅造の大波　「ハイク」から「通勤」拠点に

ウサギやキツネなどがいた丘陵は、いまブルドーザーが走っている。山を削り、谷を埋め、雑木林に変わって"団地"がどんどん建っている。八王子、町田、稲城、多摩の4市にまたがる日本住宅公団と都の"多摩ニュータウン"のツチ音だ。

[公団またも"常時募集"]（M 73.2.3）
　吉川団地、800戸ガラあき
　都心まで2時間近くもかかるのがたたったもので「建てさえすれば」という公団の甘い思惑はまたもはずれた。

[競争率0.3倍　公団の幸手団地（第2次）]（A 73.2.13）
　住宅難といっても不便は敬遠　通勤には1時間半　"仮住い"の限界を越す？
　住宅難の続くなかでの珍現象——戸数一辺倒の団地づくりが転換期にきていることを示しているようだ。

[郊外マンション花盛り　60キロ圏にも続々]（N 73.9.27）
　周辺の千葉、埼玉、神奈川3県では、ついに都心から60キロ圏のマンションが続出し始めた。地価の高騰や、都心の日照権紛争から、デベロッパーが郊外での建設に力を入れているためだが、通勤に1時間半から2時間近くかかるのに、売れ行きは結構よいという。

[難問かかえて　ふくらむ通勤圏㊤]（N 73.10.27）
　マイホーム求めどっと　いまや70キロ圏まで
　東京通勤圏が北関東に広がっている。地価の高騰で東京周辺をあきらめたサラリーマンが、千葉や埼玉県の向こう側にマイホームを求めているためだ。

　都心から60キロ、70キロ圏の住宅地といえば、郊外でも遠郊（遠隔地の郊外）に相当し、バブル期に新郊外として誕生したイメージがあるが、実は高度成長の末期に登場していたのである。一戸建てに限らず、マンション購入においてでもある。入居者のニーズに即した多様性時代の嚆矢とでもいえようか。その事例として、郊外住宅地の緑化、駐車場や車と人間との共生、老親扶養などがあげられるが、いずれも問題状況を少しでも改善しようとする姿勢が読み取れ

る。郊外開発は緑地を減少させるベクトルをもつが、当初から環境保全として緑化対策を開発に盛り込むのである。また駐車場については、マイカー所有者と持たない者との〈冷戦〉が相変わらず続くなか、駐車料金徴収という一案は、当時としては画期的な対策であった。丁度このころ、筆者が住んでいたアパート団地では、月１回の日曜朝の清掃に参加できない世帯の処遇が問題となり、結局は不参加料を収めることになった。サラリーマン世帯が中心とはいえ、生活パターンが多様になり始め、各戸が一斉に行動することがむずかしくなりだした。そこで、金銭による解決策は、次善策としても時流にかなったものであった。不参加料は、団地の管理費に繰り入れられることで問題は解決した。

　また老親扶養の問題は、それまでの同居に代わって、現在いうところの、隣居ないしは近居で対処しようとする扶助策であった。高齢化社会の入口にあたり、このようなアイディアがあったことに、サービス化社会の一端をみることができる。

　それでは、緑化対策、駐車対策、老親扶養対策の３例を具体的に新聞記事で確認してみよう。

＜カメラ・ニュース＞［"抵抗"の実り　団地のミニ菜園］（Ｙ 70.11.12 夕刊）
　東京・国立市の富士見台団地自治会が、ことしの６月から市とタイアップして始めた団地農園。１区画10平方メートルにキャベツ、ニンジン、ダイコンなど思い思いの野菜を育てた。
　団地の親子が手にマメ作ったなれない畑仕事、苦労もあったが、それだけに収穫の喜びは大きい。

［緑がいっぱい　埼玉・東松山工業団地　千葉・八千代公団村上団地］（Ｎ 73.5.10）
　工業団地、住宅団地の別を問わず、最近は環境保全、とりわけ緑化がきわめて重要になってきた。埼玉県の東松山工業団地は予定地の雑木林をそのまま残し、千葉県八千代市に建設する日本住宅公団の村上団地は敷地の22％を緑地にすることになった。

［レジャー農園作り推進　神奈川県］（Ｎ 73.11.23）
　神奈川県は都市近郊農地の乱開発や荒廃を防ぐとともに、県民が手軽に土と親しめるようにするため、県内各地で「レクリエーション農園」作りを進めることになった。

近郊農家に援助して、農地を果実のもぎ取り園や家庭菜園にするもの。

＜団地12＞［グリーン作戦］（N 73.11.25）
　　大木で即効ねらう　菜園が育てる緑への愛着
　公団がこのように団地の緑化対策に力を入れ始めたのはここ2、3年のこと。46年までは建設費の中にハッキリした「植栽費」がなかったため、資材の値上がりがあると、植栽費は真っ先に削られた。戸数の消化に手がいっぱいで、"緑"まではとても手が回らなかったのである。
　しかし、入居者の緑を求める声は強く、公団は46年度から一戸当たり67,000円の植栽費を固定し、緑の確保もようやく重視されるようになってきた。

　本来、郊外は田園地帯にも近いはずで、居住者はグリーンに親和性を抱いていたはずである。近隣に緑が多いことも環境整備で緑化政策が軽視されていたことの一因ではあろうが、このエポックになり、改めて居住者に生活の質へのニーズ、関心のたかまりが生じてきたと考えられる。歩行者の安全確保や老親扶養も生活の質的向上に関わる事項であった。

［団地駐車はお金とります　入居者と契約して自衛　名古屋・鍋屋上野住宅の場合］
（M 72.6.21）
　いま、団地は駐車場が悩み。これはその対策の先手を打ったもので自衛策の1つとして注目されよう。駐車契約者には駐車票をつけて、団地から他の車を締出す。

＜団地14＞［人と車を完全分離］（N 73.11.29）
　　事故防止のキメ手　住宅地に広がる新方式
　公団や公営の団地は一応、老人と子供が安心して生活できる設計になっている。砂場、保育園、小学校、スーパー、どこへ行くにも車に会わずに行けるように、歩道のネットワークが組まれている。地域全体にわたって人と車の流れを完全に分離したこのような設計は「ラドバーン方式」と呼ばれ、今後、一般の住宅地にも広がりそうである。（資料6参照）

資料6　団地建替えと人と車の分離

筆者が住んでいた団地は全面建替えとなったが、それに伴い、団地を周遊する道路を整備し、この周遊道路沿いに立体駐車場が設けられた。団地内部へは自動車が進入できない構造となった（ラドバーン方式）。

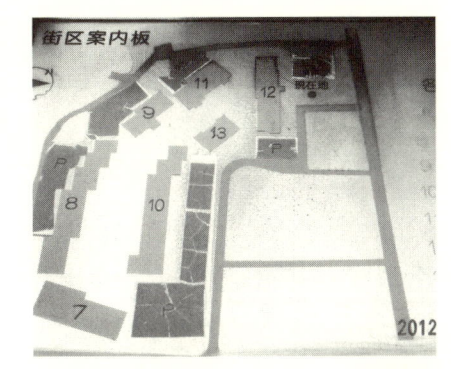

上：人と車の分離（団地平面図）(2012年)

下：建替え後（資料1のアパート位置）
　　　　　　　　　　　(2012年)

[親子を同じ団地に]（A 73.10.17 夕刊）
　住宅公団が来年度から採用方針　"セット入居"どうぞ　入居時に希望聞く

　総人口に占める65歳以上の割合が7％を超えると高齢化社会というが、日本では1970年からこの段階に入った。しかし、高齢者問題が本格化するのは、同じく14％を超えて高齢社会となった1994年以降である。そして現役世代が地方にいる老親を、自分が住む郊外住宅地に呼び寄せる老親扶助が注目されるようになったのも、高齢社会になってからであった。しかし、親子が同じ団地に住む"セット入居"は、元祖「呼び寄せ」とみることができ、名案であった。"セット入居"は当初それほど関心をもたれなかったというが、時を経て進行中の家族形態である。老親扶助と子ども夫婦援助の相互扶助型家族の一例であり、一考するに値する。当初の"セット入居"という名称はどうであれ、近居型として存続したのである。
　ところで、この時期にみられた犯罪や事故、その他の記事から気がつくこと

がある。それは、アパート団地の高層化である。以前は、4、5階が前提視されていたが、この時期から10階前後の高層アパートが登場するようになった。都心部のビル群のみが高層化したのではなかった。それらを示す記事を紹介しよう。

[恐怖の団地エレベーター　胸にナイフ11階へ　深夜、強盗が待っていた]（Y 70.1.26）
　東京・足立区の高層ビル団地で、25日未明、帰宅した住民がエレベーターの中で"密室強盗"にあい、現金12,000円を奪われた。

[このいじましい団地社会]（A 70.4.21）
　「ダストシュート使用禁止」の団地が東京にめっぽうふえた。5階建、あるいは10階以上もの建物に住む人たちが、ダストシュートを横目に、わざわざ外までゴミ容器を運び出している。「無用の長物なら、なくても同じ」と、昨今はダストシュートなしの団地が現れた。

[9階から転落、助かる　多摩の団地で1歳の坊や]（Y 72.10.24）
　幼児が団地の9階から落ちて助かったというのは極めて珍しいケース。

＜団地21＞[高密度で好環境]（N 73.12.8）
　高島平、大島など都内で行われた面開発による団地はみな14階クラスの高層団地で、人口密度も1ヘクタール当たり1,000人前後になっている。

　この時期の記事にみられるような、時間距離、環境保全、安全安心は、居住者本位の目線がいかに重要であるかということであり、これらは、サービス化社会の優先価値である。言い換えると、より付加価値が重視される利便性追求時代の到来ということになる。一例として、アパート団地外壁のカラー化を指摘することができる。付加価値が効力を発揮するサービス化社会が確実に接近しつつあった。アパートの外壁は、当初、グレーやベージュであったが、サービス化社会が本格化する70年代後半から生活環境全般のカラー化が普及し、カラーも重要な付加価値となるのである。しかし、筆者の見落としかもしれないが、郊外関連の新聞記事には、このエポックを代表する3Cのうち、車以外

のカラーテレビやクーラーに関する記載はなぜか見当たらないことが不思議である。いずれにしても高度成長期の終焉は、サービス化社会胎動の時期と重なっていたのである。

<団地19> ［カラー作戦］（N 73.12.6）
　くすんだ灰色返上　新技術生かしうるおい
　「団地の色ですか。われわれの間でも、あれは男性の下着の色みたいだと評判は悪いんですよ」——住宅公団のある設計マンがこう言って苦笑した。白か茶系統の団地の色彩は確かにこんな形容がピッタリする。（中略）
　こんな色合いが基調になったのは戸数消化に追われ、色合いまで考える余裕がなかったことや、「住まいに派手な色は禁物」という"安全主義"の結果である。

　ところで、付加価値を重視するサービス化社会の事例として、いささか時期尚早のもの、人々が受容するには少しハードルが高かったものが存在した。それはショッピングセンターであった。当時の人々にとってそれは、まだなじみのない未知の存在であったからである。まさに胎動であった。受容には、マイカーの普及や生活の多様化を含む郊外化のさらなる進展、サービス化社会の一層の浸透が必要であった。郊外化に伴い幹線道路沿いにはロードサイド・ビジネスが展開するが、当時としては時期尚早であった。カーショップ、ガソリン・スタンド、レストラン、アパレル・メガネ・シューズなどのチェーン店、それにスーパーやDIYストアなど、ロードサイド・ビジネスに関する記事もほとんど見当たらない。となると、その最高峰たるショッピングセンター（モール）が認知されないのは、至極当然のことであった。新聞記事は、その事情を次のように伝える。

［悩むショッピングセンター　消費者とすれ違い　上］（N 70.8.10 夕刊）
　"70年代はショッピングセンター時代"——とばかり、百貨店、スーパーなど大型小売業はいっせいにショッピングセンター開発を競い合ってきた。郊外に、都心から離れた市街地に、ショッピングセンターという名の大型店が相次いで生まれた。だが、実際に登場したショッピングセンターは多くの障害にぶつかり、小売業界が描いたバラ色の夢を現実に引き戻した。ショッピングセンターという新しい商業施設は消費者

にとまどいを与えた。(中略)

　郊外ショッピングセンターの発展条件の1つであるモータリゼーションの進展にも、問題がある。たしかに自家用車の普及は著しいが、米国のような完全な"足"にはなり切っていない。(中略)

　ショッピングセンターは消費者の買い物の"常識"や慣習を打ち破るほどの力を、まだ備えていない。買い物を楽しむため、主婦はやはり着飾って都心の市街地に出かけていく。

　ところで、多摩ニュータウンの入居は1971年3月に始まるが、やはり最初から生活がすべて順調であったわけではなく、その安定化には時間を要したのである。不便は承知での入居であったが、それでもマイホームの喜びは何ものにも代えられない。入居当初の生活風景を描写する記事に注目しよう。

[多摩ニュータウン　都、職住近接を事実上断念] (N 70.10.30)
　ままならぬ企業誘致　周辺も不動産業者が買収

[ああ　待望の入居　だが…　多摩ニュータウン] (Y 71.3.27)
　ないないづくし　交通、病院、学校、店
　「どんな不便も承知、住宅を初めて得た喜びはたとえようがありません」——26日、入居が始まった世界最大の人工都市多摩ニュータウン。不便な交通機関、医療、教育施設の不備など、いまのところこのニュータウンを囲む生活環境は悪いが、入居者たちのほとんどは意に介していない。

["ニュー・タウン族"の10日間] (Y 71.4.5)
　不満は山ほどあるが　ヒバリの目覚し
　世界最大の人工都市・多摩ニュータウンの第1次入居が始まって、きのうの日曜日で10日目。この間約1,400世帯、6,500人が移り住んだ。「陸の孤島」「砂ぼこりの町」などと言われ、閣議の話題にもなった新都市。とにもかくにも買い物や通勤の不便をかこちながら、あちこちに"生活のともしび"がともり、ニュータウン族は毎朝ヒバリのさえずりで目をさましている。

［住みにくい新居　多摩ニュータウン］（A 71.4.9）
　荒っぽい商魂　ゴミ収集も来ぬ　隣人はツーン
　まだ商店が出そろわないので青空市場に黒山の人だかり

［豊かな緑望む　多摩ニュータウン入居者の意識調査］（N 71.7.11）
　「すぐ移りたい」が１割も　職住近接よりベッドタウンに
　４人にひとりは20回以上応募して、やっと入居したというのに、すぐにも移りたい者が10％近くもあり、永住希望はわずか43％に過ぎない――東京都は多摩ニュータウン入居者を対象としたアンケート調査結果をこのほどまとめたが、魅力あるニュータウンにはほど遠いことがわかった。さらに緑豊かなベッドタウンを希望している者が圧倒的で、この点でも職住近接の立場をとっている都と食い違いをみせている。

［多摩ニュータウン　深刻化するバス輸送］（N 72.1.9）
　多摩ニュータウンの重要な"足"であるバス輸送が、住民の増加テンポに対応できず、深刻な事態になっている。

［多摩ニュータウン誕生１年　町はできた、緑は消えた］（Y 72.3.27）
　風吹けば、黄塵万丈　雑木林切りまくる　病院なしの"砂バク"　お先真っ暗、都心への足
　団地内には、妊産婦が目につく。産婦人科があるだけで、病院はない。

　多摩ニュータウンは当初職住近接を目指していたとの指摘があるが、やはり郊外住宅地としての展開になった。現在は本社機能やサテライト・オフィスを置く企業、大学もあるが、主体はコミューター型、消費的住宅地である。そのために、ワークライフバランスやジェンダーが継続課題となっている。また、マイカー族とノーカー族との〈冷戦〉は、3C時代といわれた当時、マイカー所有者が増加しつつも、依然として両者が拮抗していたことがわかる。ちなみに、1972年段階での乗用車・カラーテレビ・エアコンの普及率は、30.1％、61.1％、9.3％（『平成19年版 国民生活白書』資料編 p.264）である。

[車、団地住民を裂く　多摩ニュータウン］（N 72.6.20)
　駐車場　狭いのか　車持ち　勝手なのか
　「未来の都市」と銘打った東京の多摩ニュータウンで、駐車場からあふれ出たマイカー族と、車が生活空間を勝手に侵害していると告発するノーカー族との間で"冷たい戦争"が起きている。

［貸し倉庫業などへ転身　多摩ニュータウン周辺の農家］（N 72.12.22）
　多摩ニュータウンに隣接する八王子市大塚の農家約70人が、農業に見切りをつけて、貸し倉庫業や自動車修理業に転身することになり、とりあえず土地区画整理事業に乗り出す。

［"陸の孤島"に総合病院のメド　多摩ニュータウン］（A 73.2.17）
　「もう安心、夜の急病人」　都と医師会がやっと合意
　夜間は"無医地区"だった多摩ニュータウンに、やっと総合病院ができる運びとなった―

＜団地4＞［人工の町脱け出す］（N 73.11.10）
　新しいきずな模索　ミニコミを"種火"に
　東京の都心から西へ30キロ、人口41万人をめざす多摩ニュータウンがある。未来都市、実験都市と呼ばれたこともあったが、いまそんなバラ色の話は聞かれない。交通機関、病院、商店など整備されないまま、2年前に入居が始まり、すでに28,000人が住んでいる。そしてことし1月、ガリ版刷りの雑誌「丘」が生まれた。

　多摩ニュータウンもご多分にもれず、入居当初はインフラの整備が不十分なため、生活に不便をきたしていた。道路、交通手段、病院、買物、役所、警察、保育所、学校、駐車場など、住民の日常生活に関わる諸問題は、これまでの郊外住宅地と同様のプロセスをたどっている。長い年月をかけてニュータウン生活の利便性は向上し、コミュニティが形成されていく。この時期はまだ始まりでしかなかった。なお、多摩ニュータウンを京王線に沿って眺める時、フィクションとはいえ、映画『平成狸合戦ぽんぽこ』（スタジオジブリ作品、高畑勲原作・脚本・監督、1994年）は、描写が精巧で参考となる。特に過去への回想シーン

は圧巻で、開発前と開発後、あるいは第1次産業の世界と第3次産業の世界が瞬時にかつ具体的に体感できるし、先に引用した記事内容と重複するシーンも盛り込まれていることに気づく。スタジオジブリシリーズには郊外を舞台とする作品がほかにもあるが、この作品は郊外化を主題とする作品とみてもよいであろう。多摩地域で横断するタヌキが描かれた交通標識を見かけると、今でもこの映画を思い出す。郊外の標識にはクマよりタヌキやキツネが似合っている。

　郊外化は高度成長がもたらした強力なトレンドであるが、高度成長の時代で終息することなく、次の時代、そのまた次の時代へと引き継がれ、現在にまで至っている。しかし、ここでは高度成長期における郊外生活をテーマとし、オイルショックにより高度成長に終止符がうたれた1973年までを考察範囲としている。そこで、この生活文化に関わる73年晩秋の記事を引用し、現代文化の出発点を確認しておきたい。和式から洋式へ、生活様式の転換にみられる便利さ・清潔さ・明るさ、これらは現在も変わることのない近代の普遍的価値である。その改良と普及の新たな出発点がここにあり、高度成長期は生活文化の大転換期であったと帰結できるのである。

＜団地2＞［"DK信仰"の功罪］（N 73.11.8）

　DKが公団団地の"罪"なら、ステンレス流し台や洋式トイレは団地の"功"である。ステンレス流し台は初代公団総裁・故加納久朗氏の主張で最初から採用された。これが量産化の起爆剤になり、明るい台所づくりのキッカケになった。

　洋式の水洗トイレも団地に採用され始めてから急速に普及、今日ではくわしい使用法を書いたレッテルも姿を消した。下水道の整備を後押しする効果もあった。

　このほか団地は雨戸、神棚、床の間など日本の住宅特有のものを追放した。これらは団地の"功"なのか"罪"なのか、議論の分かれるところだが、良かれ悪しかれ、団地が日本の住生活、住居観に革命的な変化をもたらしたのは事実である。

　これまでの記事内容から理解できるように、多摩ニュータウンを含め多くの団地、郊外住宅地は、いわゆるベッドタウンとしての展開であった。郊外住宅地の理想として、かつて田園都市構想があった。それは、田園（農村）と都市の長所を併せ持つ両者を止揚した地域共同体（コミュニティ）を構築することで、自然的なものと人為的モノやサービス、この両者を同時に享受できる共同体を

形成することであったが、その実現には困難が伴った。職場を近隣に確保することがむずかしいからである。こうして郊外住宅地は、都市部と農村部の中間にありながら、消費的性格が優先する、都市寄りの存在として展開したのであった。生活者は一度獲得した利便性を放棄することはしない。しかも、時に自然的なものへの回帰も欲する贅沢な存在でもある。したがって、今後この自然的なものが高付加価値として、郊外住宅地に要請されることが予測される。

　このように、戦後の郊外住宅地は高度成長期の社会変動と連動し、マス的に、そして消費的に展開したのであった。Populuxe（popularity+luxury）という、一部の特権階級のみではない、一般中流層の近代化（生活の向上）を示すアメリカのジャーナリストT. Hineの造語があるが、郊外住宅地の展開こそ、このPopuluxeを適正に反映する事象であった。しかし、郊外における職住近接の可能性は、依然として課題のままである。

6 まとめ

　高度成長期における人々の、生活者レベルでの変化の把握を目的とし、1960年から1973年を、豊かさへの離陸の60年～64年、拡大とニーズの多様化の65年～69年、サービス化という質の時代への70年～73年に3区分し、それぞれのエポックに、郊外住宅や団地に居住する人々がどのような生活を営んでいたかを、当時の新聞記事を資料とし記述を試みた。それは、近代化というメインテーマが郊外を舞台にどのように展開したかを辿る作業でもあった。最後に、そこに通底する4事象——スプロール化・生活環境・コミュニティ・家族——について整理しておく。高度成長は経済を超え、日本社会に広範囲にそしてラジカルに影響を与えたのである。

1) スプロール化

　首都圏においては、都内よりも都下での人口増加、さらには隣接県でも東京都との境界地域の人口増加が顕著となった。都内人口が頭打ちになっても、隣接県を含め郊外地域では人口が増加したのである。先ずは鉄道沿線に沿う形で直線的に、そして平面的に、郊外地域は展開してきた。まさに"〇〇都民"という表現が示すように、神奈川・埼玉・千葉の東京近接地域は、半東京・準東京地域であり、住民の意識も半都民的である。

　こうした状況下で、郊外居住者の通勤時間は必然的に増加した。当時の記事には、すでに通勤片道1時間半から2時間、距離にして40キロ・50キロ・60キロ・70キロの表記が見られた。50キロ以遠は、遠郊(＝新郊外)というにふさわしい。バブル期以降評価されることになる自然との共生がテーマの、文字通り本来の田園都市であるが、日本ではベッドタウンとしての視点が、明示的にせよ潜在的にせよ、前提となり現在まで継続している。職住分離のパターンが一般的で、それも職住遠離の場合は、通勤旅行(遠足)となってしまう。通勤快速、特別快速、通勤急行、そして特急電車を帰宅時に使うことさえある。座るため故意に1電車遅らせ次発の電車に乗ることもある。コミューターのために、電車の連結車両やドアは増加し、本数は増発され、そして線路は複線化される。

　また、郊外住宅地には一戸建てやアパート団地、さらにはマンション群が建つが、いずれもコスト面や管理面から、駅前よりも先ずはその周辺部の宅地開

発から始まる。駅前整備は住宅地よりも遅れて手がつけられる。地価高騰をねらい地主が駅前の土地を簡単には手放さないこと、それに駅前には多様なニーズが集積することから、住宅開発や入居の進行状況を勘案してからの駅前整備や再開発となるのである。このため、それまで初期入居者や利用者は不便をかこつことになる。道路状況の悪さ、乗り物や買い物の不便さ、駐輪場や駐車場の不足、保育園や幼稚園をはじめ医療機関の不足…。入居前に生活環境の下調べは欠かせない。そして、高速自動車道の時代を迎え、インターチェンジ周辺への関心もたかまるようになった。住宅地としてはもちろんのこと、流通の拠点として、商業団地や工業団地がインターチェンジ付近に誕生したところもある。国道のバイパス沿いに卸問屋が集積する群馬県高崎市問屋町の紹介記事もあった。この商業団地のケースは後年、中学高校のテキスト（社会・地理）にも掲載されたが、宅配便以前に幹線道路沿いやインターチェンジ付近に着目した流通の郊外的視点が先見的で新鮮であった。高度成長期には郊外交通網への関心も萌芽であれ確実に存在したのである。

　スプロール化のトレンドに影響されたそのほかの事例として、大学・デパート（ショッピングセンター）・倉庫をあげることもできる。大学のケースでは、多摩地域や厚木方面への進出（資料7参照）、ショッピングセンターでは世田谷区二子玉川の高島屋の事例、出版社の倉庫部門の隣接県や周辺区部への移転が指摘されている。

資料7　郊外の大学と研究機関

厚木市にある大学グランドとメガ企業の先端研究所（2012年）

このように、マス的スプロール化については、高度成長期にその起点があり、現在も継続中の現象である。半世紀近い年月を経て、このスプロール化は生活のなかに定着し、しかも全国的な現象となって、ついには多様な展開をみせるまでに成長した。近隣の郊外都市同士が連結する業務核都市しかり、郊外都市内での二極化しかり、近未来の日本の姿がここにみえている。スプロール化は基本的には、郊外住宅地に親和的なタームであった。

2) 生活環境

　一般的にマイカーといえば昭和40年代以降の目標耐久消費財であるが、早くも郊外のアパート団地では、昭和30年代後半から駐車場問題が浮上していたのである。団地生活者のなかには、僅かとはいえ、アッパー層に近い人々がいたからである。詳細にみると、中流層のなかにも、中流上層・中流中層・中流下層があり、かなりの生活格差があった。筆者が住んだアパート（24世帯）でも、放送局のアナウンサーや保険会社の部長、県や市の職員、学校の先生は羽振りが良かったし、小型車ではあったがマイカーを所有していた。当時、家には父親の125ccのオートバイがあったが、マイカー所有は生涯できないものと思っていた。マイカーは高嶺の花で、その所有者は当時の中流上層以上の人々、現在いうところのエグゼクティブ層であった。この階層の人々は、一戸建てを購入し、アパートから転出するのも早かった。自動車を持たない家族は、憧憬の念をもって自動車を眺めたが、駐車場問題に関しては複雑な感情を抱いたのである。ボールをぶつけないよう遊ぶ時にも細心の注意を払った。

　また、部屋の狭さ、間取りの良し悪し、交通の不便さ、インフラの未整備、保育所の不足、団地設備の不備、防犯上の対策が繰返し指摘されている。これらは、団地建設は先ず建設ありきの戸数消化主義からスタートしたことによっている。いざ入居してみると、次々とさまざまなニーズが湧いてくる。人々は生活の質的向上を追求するようになる。環境の緑化策もその1つであるが、その必要性は早くから指摘されていた。宅地開発や舗装の拡大による緑化不足は、河川の急激な氾濫を惹き起こすようになったが、これは現在にも続く都市化による負の遺産といえる。反対に、近郊農家が提供する農産物を郊外の住民が購入できるメリットは、今日いうところの「地産地消」である（資料8参照）。安価でしかも新鮮な野菜や果物、花卉類に卵などが盛りだくさんにある。家庭菜

園・団地菜園・レジャー農園なども、「地産地消」の先駆けであった。そして、現在ほどの繁栄は想像できなかったにせよ、郊外型ショッピングセンターの誕生がこの時期にあったことも忘れられない。ショッピングを生活者が住む郊外で、しかもサービス化社会のなかで展開するとどのような業態となるのかを例証した。生活環境を包摂する時代や社会の把握により、さまざまな愉しさを内包した表出的空間が演出されないと生活者は満足しない時代の兆しをみた。

資料8　農産物販売所（厚木市）

△開店を待つ人々（開店15分前） 　　△続々と車で来店する人々（開店直前）

▽急ぎ入店する人々（開店直後）　　▽閑散となった現場（開店25分後）

（2012年）

季節の新鮮な農産物を求めて開店直前に車で次々来店、駐車場はすぐに満杯となる。しかし開店後20分にして潮が引くように元の静寂が戻る。近郊野菜の「地産地消」が実践されている。筆者はこの販売所と都内スーパーで同日にカンパニュラ(風鈴草)を購入し、その持続性を比較したことがある。前者は半月もったが、後者は6日で枯れてしまった。朝どりの花は吸水力に勢いがあった。花卉の場合、平均して農産物販売所の品がスーパーのそれより2～3倍は長持ちする。また朝どり野菜はどれも新鮮でおいしく、卵も生みたてが販売される。しかも、価格は市価の半額程度でリーズナブル。本来郊外生活は田園都市からスタートし、田園と都市、両者の長所を併せ持つことを理想としたが、これまで都市的なものが優先されがちであった。田園的自然的なものへの回帰、再評価も忘れてはならない。

3）コミュニティ

　コミュニティは空間的概念であると同時に心理的概念でもあり、社会心理的性格をもっている。情報社会以前では、地域社会と訳されることがあったが、そこで生活する人々のなかに共通する帰属意識があってこそのコミュニティである。したがって、単に居住しているだけではコミュニティは形成されない。一緒に生活問題の解決策を考え、一緒に作業をするなかでこそ連帯感が醸成される。しかしそこには、一致ばかりでなく、無関心も対立もある。それらを併せ持ったものが現実のコミュニティなのである。

　事情は郊外住宅地やアパート団地でも同様であった。当初は隣人との付き合いに戸惑い悩むことが多かった。一戸建ての向こう三軒両隣は、アパートの場合、同一フロアーのヨコ方向に加え階上・階下のタテやナナメ方向に置き換わる。たとえば生活音は上下のタテ方向によく響く。居住者は生活体験から、社交術やエチケットを学んでいく。大人も子どもも、生活のなかで身をもってそれらを学習する。団地の自治会活動、生協運営、お花見・夏祭り・盆踊り・夏のラジオ体操・運動会、日帰りバス旅行など、居住者の親睦交流会が設定される。類似した生活パターンの居住者が多く、また現在ほどには娯楽のない時代であったから、参加者は多かった。これらを通じて近隣との連帯感が生じたのである。こうして、郊外の住宅団地で生まれ育った子どもには、ここが自分たちの故郷となり、親世代には、いつしか団地が仮寓から終の棲家となる。昨今の団地ブームの根幹にもこのような潜在意識、回帰意識があるのではなかろうか。

　しかし、コミュニティ意識にも温度差があった。近隣とのトラブル、防犯意識の相違、駐車場問題、所得格差などから周囲と気まずくなり、転出した家族もある。転出先には近くの同一生活圏もあれば、学区外もあった。居住者には、若夫婦、子どものいる家族、老夫婦もいたが、その子どもにも赤ちゃんから青年まで年齢層にひらきがあった。かれらには当然ライフステージによる生活様式の相違があり、この生活様式の違いがコミュニティ諸問題の根底に横たわる。しかし、現在まで郊外住宅地でのトラブルに関わる言説について、この背景にまで踏み込んだコメントは少ないように思われる。

　また、郊外住宅地は職住分離を基本的パターンとするため、女性や子どもがコミュニティの担い手となり、活動した事例報告が多くみられた。子どもを仲

介しての母親グループ、趣味のサークルなど、実績をあげた女性のコミュニティであるが、これに対して、男性のサークルは皆無ではないにせよ目立たない。ライフステージに加え、ジェンダーの視点も必要であろう。しかし、高度成長期は役割をはじめ固定的生活様式が残存する社会であった。男性が外回り、女性が家事育児の役割パターンを疑問視する向きはほとんどなかった。これへのプロテストが主張されるのは、高度成長期の次の時代、ニューファミリーの誕生を待ってからであった。この多様化以前の社会では、社会の前提にある下部構造に関心や疑問を抱く人はいなかった。人々は当然のこととしてこのパターンを受容し、そもそも下部構造に気がつくことは稀であった。

　コミュニティの存続には、教育機関・図書館・自治体窓口・商店街・交通機関・保健医療機関など、ハード面の整備拡充が必要不可欠であるが、これらを通じて生活者の心情を結びつける心理的絆も存在しなければならない。その確認には、生活体験の質的考察が必要で、追体験を通して内面的人間関係を抽出しなければならない。そこに面白さと同時にむずかしさがある。

　さて、高度成長期も終わりに近づくと、サービス化社会の予兆が顔を出し始める。たとえば、一斉の団地内清掃や運動会、住民総会がむずかしくなったことである。その理由として、全戸の日程や時間の都合がつきにくくなったことが大きい。勤務時間や出勤日の多様化、女性の有職化と専業主婦の減少化、教育ブームの到来など、時間や空間の共有が地域に限らず、家庭内においても減少に向かわざるをえなかった。より自由化が進むサービス化社会では、コミュニティが縮小し、地域や家族の連帯感が希薄化することが避けられない。それは逆説的ながら、豊かさがもたらしたパースナル化の負の側面であった。

4）家族

　郊外住宅やアパート団地に居住する家族は、そのほとんどが勤め人を世帯主とする家族構成であった。居住者のなかには自営業者もいたが、店舗は他所に構えており、やはり通勤していた。世帯主の生業の場が家庭外にあり、毎日規則的に通勤する、いわゆるコミューター家族であった。高度成長期に第1次産業就業者の割合が半減し、職住分離からさらには職住遠離という生活パターンまで誕生した。第1次産業時代の生産機能を核とした家族は激減し、消費を中心とした友愛家族にシフトしたといわれている。戦前の封建的なイエ制度は否

定され、夫婦平等の近代的家族に生まれ変わったわけである。

　このようにマイホーム主義の典型が団地の家族であったが、実のところ、この時代の夫婦は戦前生まれの戦前育ちであって、夫婦平等の近代的家族に即座にシフトしたわけではなかった。新しいように見えて潜在的には戦前のニュアンスが残存した小イエ的、近代的家父長家族であった。家の跡取り、夫婦の関係、子どもの性別・出生順にもこの影がつきまとっていた。「長男だから、女の子だから、男だったら、嫁として」、こうした観念がすべて払拭されたわけではなかった。逆説的ながら、この時代の女性も基本的にはこの小イエ的観念を内面化していた。たとえば、長男の妻は家の嫁としての役割を期待され、本人もそれを諒解していた。誰から見ても言うまでもなく、老親介護は長男の嫁の役割であった。また男女の高等教育への進学の機会が均等でないのも当然であった。

　しかし、家電の三種の神器（電気洗濯機、白黒テレビなど）やそれに続く3C、さらにはピアノ、マイホームなどの購入により、具体的に豊かさが体現され、マイホーム主義が賛美されるようになった。そして、子どもの養育や団欒機能を除き、家族機能は次々と外部化し、家族外の専門機関に移譲されたのである。たとえば、生産機能は職場に、教育機能は学校に、医療機能は病院に、冠婚葬祭は専門業者に、というように、家族内で自給自足的にすべて対応する時代ではなく、それぞれの機能を各専門組織が分担する時代となっていく。それはまさに、サービスを提供する社会が中心となるサービス化社会の必然であった。しつけや保護（福祉）の機能も例外ではなく、家庭内では弱体化し、その減少分を外部のサービス機関が補完することになる。家族内外で協同していくわけで、当時の状況は、しつけや保護の機能が外部化し始めたところであった。

　家事労働も当然とはいえ、電気洗濯機・電気冷蔵庫・電気掃除機など便利な機器の登場で軽減され、あるいはその一部をアウトソーシング（外注化）することも可能となった。街の家電取扱店は繁盛していた。しかし、家事労働自体はシャドーワークとなり、生産機能を外部化した家族は、残存する団欒や養育機能を果たすため、消費を用いてその実現をはかるようになった。これが現代家族の誕生であり、経済的には消費家族、社会的にはアウトソーシング家族である。そして、教育的にはモラトリアム化を、心理的には自由化を促進する解放家族となりだした。アウトソーシングもモラトリアムも高度成長期に普遍化

した概念ではないが、この時代にルーツがあることは確かである。父親よりも母親との関わりが多く、特に子どもの教育・進学・勉強に母親が関与することに特徴がある。社会化のための教育が、消費社会・消費地域・消費家族のなかで実践されるようになっていく。こうした具体例は、教育ママや母親のネットワークにみることができ、当時の新聞記事からも伝わってくる。

　また個人化のトレンドは、団地の主婦あるいは高齢者のなかに周囲から孤立するケースを生み出した。小家族・核家族はそれ自体では孤立するリスクをもっている。〈狭いながらも楽しい我が家〉のマイホーム主義であっても、家族は外部とつながっていなければならない。近隣とも、学校とも、会社とも、自治体とも、これら他者とつながりをもった近代的家族、そして近代的個人のはずであった。しかし、これも自覚することはなかったが、高度成長は郊外生活者の性格に、内向的性格をもたらす契機を宿していた。それだけに、上層階居住者や高齢者の心身についての諸問題への警鐘には瞠目する。また高齢者扶養の必要性から考えられたセット入居は、今日いうところの、隣居あるいは近居に相当し興味を引く。しかし、高度成長期のフィナーレは高齢化社会の入口でしかなく、まだ医療や福祉が生活者の関心を本格的に集めるまでにはいたらなかった。この時代はあくまでも現役世代を前提とした上昇の時代であったからである。そして、家事・育児・介護というケア―労働の分担は常に女性の役割で、しかも誰もそれに疑問をもたなかった。これらに対するアンチテーゼは、次のサービス化社会、そしてニューファミリーの登場を待たねばならなかったのである。

7　おわりに－近未来への指針と感謝をこめて－

　高度成長期の特徴には現代社会のルーツと考えられるものが多々認められる。物理的にも精神的にも、そしてメリットもデメリットも。当時の新聞記事を参考に、高度成長期の郊外生活に関わる主にメゾからミクロの位相を考察してきたが、ここでは身近にありながらも当時は気づかなかったことを、時間空間の相対化により確認することができた。また、高度成長期は筆者の小・中・高・大の学生時代と見事にオーバーラップし、身近な事柄も当時の時代潮流の1コマとして、時代と連動していたことに改めて驚かされた。しかし、本稿は個人的回顧を目的とした小論ではない。あくまで個人的体験のなかにも時代的要因が潜在し、ミクロ ⇔ メゾ ⇔ マクロの基軸のなかでそれらが連動していることを論証したかった。

　そして高度成長期から約半世紀後の現在、ニュータウンの再生がクローズアップされている。朝日新聞の「記者有論」（2012年9月15日付、大阪地域報道部 神元敦司）は次のように述べる。

＜ニュータウン50年 魅力生かした再生探ろう＞
　ニュータウンは、高度経済成長とともに都市圏に流入した大量の人口の受け皿として郊外に整備された。対象は、都心に通勤する30、40代の子育て世代。半世紀がたち、子や孫の世代は都心に移り住んだ。そのあとには一斉に高齢化した、かつての「子育て世代」が取り残された。（中略）
　ニュータウンが建設当初の役割を終えているのは事実だ。しかし、各地のニュータウンにはまだ多くの魅力がある。住宅地を歩いて最初に実感するのは自然が豊かなこと。大きな道路と隔絶しているため、とても静かだ。娯楽施設がなく、治安もいい。十分、生まれ変わることができるのでは、と感じた。（中略）
　身の丈に合った「普通のまち」になれるかどうか──。

　郊外住宅地では、そこに住む住民も住宅そのものも高齢期を迎えた。早期に建設されたニュータウンは齢50を超え、これから建て替えるものとイノベーションを施工しリニューアルを図るものとに峻別されるだろう。また筆者は団地育ちの1期生というところから、郊外住宅地の来し方のみならず、近未来へ

資料9　団地再生へ

エレベーター棟の設置例（都営狛江団地にて）（2011年）

エレベーター棟をみると、各階階段の踊り場とエレベーター棟の乗降口が接続している。
高齢者のみならず妊婦や乳幼児連れなどに配慮したバリアーフリー化策の一例。

の展望、すなわちこのニュータウンの再生に多大な関心を寄せている。近代化の先駆例として郊外住宅地や団地の生活文化を考察したが、今後、ポスト近代の先駆例もこのニュータウン再生のなかに見出せよう（資料9参照）。高度成長期の見直しが近未来への序章となり、次世代への継承となることを期待したい。

さらに、近代化を郊外生活のなかに確認する視点からすると、「田園都市輸出します　交通網・宅地一緒に開発　東急、ベトナムにノウハウ」（『朝日新聞』2012年10月4日付）が示すように、ホーチミン市の郊外住宅地開発プロジェクトにも次世代の生活文化が深く関連するであろう。この視点は日本一国を越え、ユニバーサルに展開あるいは再活用する可能性があることを教えてくれる。グローバル化とは、脱一国主義ということにほかならない。したがって、この視点には時間的にも空間的にも高度のポテンシャルが内在し、未知の貢献可能性が秘められているといっても過言ではない。この意味で、是非とも次世代に結節したい視点である。

　この小論は、それぞれの学校でお世話になった先生方や友人たちとの思い出も随時挿入しまとめあげた。その理由は先に述べたが、マクロ的な概説で抽象的な説明に終始しないように、リアリティをもって実感し理解できるように配慮したつもりである。そのための資料収集については多くの方にご協力をいた

だいた。特に、クラスで飼った子犬の記事については、小学校時代のクラス担任恩師の熊谷良一先生と信濃毎日新聞社メディア局データベース部長の近藤友則様に大変お世話になった。新聞掲載日を正確にご存知であったのは熊谷先生で、筆者の記憶はアバウトであった。また高校時代の副担任掛川静夫先生との会話が契機となり思い出したことも多々ある。そして友人たちとの交流も筆者の思考の底流にある。これらなくしてこの小論をまとめることはできなかった。改めて人とのつながりが財産であることを実感した。さらに、研究の基礎を教示して下さった今は亡き法政大学時代の中野収先生と立正大学院生時代の武田良三先生にも還暦を超えた筆者の節目をご報告するとともに、感謝の念をお伝えしたい。中野先生の口癖であった"ロジック"が、ようやく自己のなかで形成できるようになり、創発（先生が高く評価されていたG. H. Meadのキーターム）に向けた視点をもてるようになった。また、武田先生からのアドバイス「常に全体的把握を心がけ、目を外に向け、次のステップを考えなさい」も、公私においてこれからも心して実践していきたいと思う。

　最後になったが、記事の引用転載をお認め下さった新聞各社にもお礼を申し上げる。なお、新聞記事のデータベースは、世田谷中央図書館と本学図書館所蔵の新聞縮刷版によっている。大変お世話になった。

　ささやかな小論ではあるが、マクロ ⇔ メゾ ⇔ ミクロ の各事象が連動し、時代の潮流が形成されていること、新聞記事が資料として貴重な価値をもつことを再度強調しておきたい。この2点を理解していただければ、社会学徒として、これ以上の幸せはない。

（文化創造学科教授・近代文化研究所所員研究員）